Andreas Herrmann
Gottes Heilungspower heute erleben!
– Das Mutmachbuch für göttliche Heilung

W0245247

Andreas Herrmann

Gottes Heilungspower heute erleben!

– Das Mutmachbuch für göttliche Heilung

Verlag Gottfried Bernard
Solingen

© 2001 Verlag Gottfried Bernard
Heidstr. 2a
42719 Solingen
email: Verlag.GottfriedBernard.gmx.de

Satz: Satz & Medien Wieser, Stolberg
Grafik: Annette Ehrenberger
Druck: Schönbach Druck, Erzhausen

ISBN 3-934771-18-1
Best.-Nr. 175718

Die in diesem Text zitierten Bibelstellen wurden mit freundlicher Genehmigung des Katholischen Bibelwerks Stuttgart und der Deutschen Bibelgesellschaft der Einheitsübersetzung entnommen, wenn nicht anders vermerkt.

Dieses Buch basiert auf authentischen Zeugnissen von Betroffenen. Der Abdruck erfolgte, wo möglich, mit ihrer ausdrücklichen Erlaubnis. An einigen Stellen haben es die Geheilten jedoch vorgezogen, nicht erkennbar zu sein. Das ist verständlich, denn einige Krankheiten sind in unserer Gesellschaft noch immer mit Tabus belegt. In diesen Fällen haben wir Namen und Umstände so verändert, dass sie nicht so leicht erkannt werden können. Wir haben das getan, um die Intimsphäre dieser Menschen zu schützen. Dem Wahrheitsgehalt der Zeugnisse tut dies aber keinen Abbruch.

Dieser sowie alle weiteren Titel aus dem Verlag Gottfried Bernard sind erhältlich bei:
Gerth Medien GmbH
D-35607 Asslar

Danksagung

Gewidmet ist dieses Buch Jesus Christus, der mir die Chance gab, viele Menschen mit seiner Heilungskraft vertraut zu machen.

Ich danke ihm für meinen Vater Henning Herrmann und meine Mutter Margitta, die mir viel für meinen Weg mitgegeben haben, und die ich von ganzem Herzen liebe.

Mein ganz besonderer Dank gilt meiner Sekretärin Almut Krechel, die nicht nur mit dem diktierten Bandmaterial den Computer fütterte, sondern obendrein mit mühevollen Recherchen den Geheilten und ihren jeweiligen Geschichten hinterher fahndete. Liebe Almut, vielen Dank für Deinen vollen Einsatz.

Auch möchte ich mich bei all den Geheilten bedanken, die mit ihren glaubensstärkenden Zeugnissen dieses Buch erheblich bereichert haben, auf dass es uns inspiriert und unserem Glauben Flügel verleiht.

Inhalt

Danksagung   5
Geleitwort   9
Einführung   11

Teil 1: Gott will seinen Kindern Gutes tun   17
Gott, der Vater – kaum zu glauben???   26
Ist es wirklich der Wille Gottes, seine Kinder zu heilen?   27

Zeichen und Wunder und Kraftdemonstrationen   35
Das naturwissenschaftliche Denken   35
Die drei Hauptfunktionen von Gottes Zeichen und Wundern   36
Ohne verliehene Kraft keine Demonstration der Kraft   41
Ruhen im Geist   43

Wunder gibt es immer wieder   48
Gottes Laserpower   55
Wenn Ehepaare keine Kinder kriegen können   65

Die Quelle der Heilkraft   73
Jesus, das Vorbild   74
Die Heilung des reichsten Mannes der Welt   84

Warum die Dinge im Leben von Christen nicht immer
glatt laufen   87
Glauben für Krisenzeiten aufbauen   88

Was mache ich mit einer prozesshaften Heilung?   93
Ist Glauben für unsere Heilung wirklich so wichtig?   94
Heilung durch Glauben in Aktion bei vielen Menschen   99

Kontaktpunkte des Glaubens – Gott begegnet uns zum
Anfassen   105

Kontaktpunkt Wort Gottes – Gott begegnet uns durch die
Bibel   112
Kontaktpunkt Abendmahl – Gott begegnet uns in Brot und Wein 115
Kontaktpunkt Wort der Erkenntnis – Gott begegnet uns,
weil er uns kennt   116

Ist Krankheit ein göttlicher Segen?   122
Krankheit ist kein Segen, aber eine Chance   122

Warum manche nicht geheilt werden   124
Warum Gott nicht alle heilt   128
Keine Heilung – was tun?   130
Wenn Gott, der heilt, nicht sofort heilt   131

Es gibt mehr als körperliche Heilung   133
Kein Weg ins ewige Leben außer durch Jesus   135

Was tun, um die Heilung nicht wieder zu verlieren?   139
Widerstehen Sie dem Feind, in dem Sie bewusst ein heiliges
Leben führen   139
Beseitigung von Heilungshindernissen   143
Exkurs: Dem Teufel widerstehen durch Hausputz in der
Gedankenwelt   145

Glauben entwickeln   149

Wie man die geschenkte Heilung behält   151
Über den richtigen Umgang mit dem Geschenk der Heilung   152
Die richtige Glaubenshaltung, mit der die Heilung erhalten wird 152
Was tun, wenn die Krankheit zurückkommt?   153
Heilungsprophylaxe   160
Medizin für angeschlagenen Glauben   161

Teil 2: Aufbautraining für den Heilungsglauben 162
Sündige nicht mehr! 162
Stabilisieren Sie die Ausgangsposition Ihres Glaubens 164

Wie man seine Glaubensmuskeln entwickelt 165
Heilungsverse der Heiligen Schrift 166
Jesu Auftrag 166
Vergebung und Heilung durch das Sühneopfer Jesu am Kreuz 167
Jesus heilte alle 168
Jesus heilt auch heute noch 169
Die Macht seiner heilsamen Worte 170
Seine Worte werden nie vergehen 170

Heilung im Dienst Jesu 171
Glauben 175
Zusammenhang von Sünde und Heilung 176
Bitten in Jesu Namen 176
Glaube wird durch Werke aktiviert 178

Gebet um Heilung 179

Eine prophetische Perspektive für die Gemeinden in Europa 180

Verzeichnis der Gebete 182
Literaturliste verwendeter Bücher 183

Geleitwort

Herzlichen Glückwunsch, Andreas!

Mit diesem Buch macht der Leiter des Christlichen Zentrums Wiesbaden all denjenigen Mut, die erkrankt sind und die Hoffnung auf Genesung aufgegeben haben. Es gibt jemanden, nachweisbar, der wider allem menschlichen und medizinisch Erfassbaren an Seele und Körper Erkrankte heilen will, nämlich Gott durch seinen Sohn Jesus Christus.

Faszinierende Heilungserlebnisse, die hier niedergeschrieben sind, machen Mut, den Weg des bedingungslosen Glaubens zu beschreiten; denn nur durch Glauben kann die Kraft Gottes zur vollen Entfaltung kommen. Das ist die Botschaft, die Andreas Herrmann mit diesem Buch vermitteln will.

Wir müssen aber auch erkennen, dass unsere Vorstellungen vom Leben oftmals nicht mit den Plänen Gottes für unser Leben übereinstimmen. Auch das wird in diesem Buch über Heilung durch Gott eindrucksvoll beschrieben. Andreas Hermann nimmt eindeutig Bezug auf Gottes Wort, auf die Bibel, und macht klar, dass nicht er heilt, sondern Gott.

Für mich als naturwissenschaftlich ausgebildeten Menschen war es anfänglich unvorstellbar, Heilung außerhalb medizinischer Normen und Regeln zu akzeptieren. Schlüsselerlebnis war ein Männertreff mit Gokart-Fahren. Am nächsten Tag litt ich unter einem ausgeprägten Muskelkater, es war Sonntag und Heilungsgottesdienst im CZW. Gott nahm mir die Muskelschmerzen, ganz spontan, obwohl ich als Arzt weiß, dass solch ein Muskelkater oft mehrere Tage andauert. Ein faszinierendes Erlebnis. Gott hat mir eindrücklich gezeigt, dass Medizin und Naturwissenschaft nicht alles sind. Danach habe ich mehrmals hautnah erleben dürfen, wie Gott durch Andreas spontan heilt.

Ich bin sehr froh, dass Andreas den Mut und die Kraft gefunden hat, dieses Buch zu schreiben. Es gehört eigentlich in jede Arztpraxis, als Anhang an die meisten Rezepte. Es ermutigt die erkrankten Patienten und, das ist meine feste Überzeugung, es ist ein Beweis für die Kraft und Lebendigkeit unseres Gottes gerade in der heutigen Zeit.

Ich jedenfalls werde in meiner hausärztlichen-allgemeinmedizinischen Praxis wie auch in der Notfallmedizin und der Notfallnachsorge regen Gebrauch von diesem Buch und seinem richtungsweisenden Inhalt machen. Weiter so, Andreas!

Dr. med. Peter Schmidt
Facharzt für Allgemeinmedizin-Notfallmedizin
Leitender Notarzt des Kreises Bad Kreuznach

Einführung

Meine Absicht, dieses Buch herauszubringen, besteht nicht darin, irgendwelche rational erleuchteten Zweifler davon zu überzeugen, dass es heute immer noch von Gott bewirkte Heilungen und Wunder gibt. Bevor Sie mit kritisch-sezierendem, inquisitorischem Blick über die Zeilen dieses Buches schweifen, tun Sie mir doch bitte einen Gefallen: Geben Sie dieses Buch lieber an jemanden weiter, der sich für solche Inhalte interessiert.

Gerade in den letzten Jahren hat die Zahl der Menschen zugenommen, die hungrig nach einer Realität sind, die weit über naturwissenschaftlich definierte Begrenzungen hinausgeht. Mein Ziel ist es, mit diesem Buch Menschen Mut und Hoffnung zu machen, mit ihren Nöten und Sorgen zum Schöpfer aller Dinge zu kommen. Das soll ihren Glauben in Gott stärken und ihnen Appetit auf mehr von diesem großen und gewaltigen Heiler machen, dem ich diene: Jesus Christus. Gott, von dem hier die Rede ist, möchte nicht nur im Himmel, sondern auch auf unserem kleinen Planeten Erde mit uns und unter uns sein, um seine Segnungen mit uns zu teilen.

Dieses Buch hat einen Anspruch: Es möchte Sie zur Gegenwart des Gottes führen, von dem letzten Endes jede Heilung kommt. Vermutlich sind Sie in Ihrem Leben kurz davor, eine ganz neue Dimension kennen zu lernen. Diese neue Lebensdimension, mit der Millionen von Menschen inzwischen vertraut sind, nennen einige die manifeste Gegenwart Gottes. Es kann Ihnen passieren, dass Sie, während Sie dieses Buch lesen und innehalten, um zu Gott zu beten, eine Berührung von seiner konkreten Gegenwart erleben, und zwar so wie Sie es vielleicht noch nie zuvor erlebt haben. Ich wünsche mir, dass es Worte gäbe, die diese Erfahrung ausgewogen und angemessen wiedergeben.

Der Weg in Gottes Nähe, in der wir auch Heilung finden, wird von Jakobus so beschrieben: „Sucht die Nähe Gottes; dann wird er sich euch nähern." (Jakobus 4, 8) Gott verspricht uns, wenn wir ihn um seiner selbst willen aufrichtig suchen, werden wir ihn auch tatsächlich finden. Gott selbst hat das Verlangen, dass wir seine Kraft und Gegenwart kennen lernen.

Obwohl dieses Buch vor allem von physischer Heilung berichtet, gibt es eine Heilung, die in Ihrem Geist stattfindet – in Ihrem persönlichen Selbst. Die wichtigste Heilung, nämlich die des menschlichen Geistes, ist ewig und geht weit über das hinaus, was in diesem Buch berichtet wird (nämlich unsere körperliche Heilung hier auf Erden in Raum und Zeit begrenzt): „Denn Gott hat die Welt so sehr geliebt, dass er seinen einzigen Sohn hingab, damit jeder, der an ihn glaubt, nicht zugrunde geht, sondern das ewige Leben hat." (Johannesevangelium, 3. Kapitel, Vers 16)

Der eben zitierte Vers zeigt uns, dass Gott uns mehr als körperliche Heilung schenken will, nämlich das ewige Leben. Aber Menschen können durchaus im Heute geheilt werden ohne die ewige Heilung, das heißt, ohne ewiges Leben zu empfangen. Ewiges Leben wiederum ist eine Folge der geheilten Gottesbeziehung.

Die meisten Kapitel dieses Buches enthalten Geschichten von Menschen, die durch Gottes Eingreifen infolge des Gebets in gottesdienstlichen Veranstaltungen auf wundersame Weise spontan geheilt wurden. Wie keine andere Religion ist das Christentum auf Wundern gegründet und wurde durch Wunder bekannt und populär gemacht. Oder kennen Sie eine andere Religion, bei der Menschen über das Wasser laufen, Jungfrauen schwanger werden, Tausende durch ein Brot gespeist werden und Wasser in Wein verwandelt wird, blinde Augen sehen und Lahme spontan wieder gehen können? Dass sich die Wunder wirkende Dimension des Christentums bis zum heutigen Tag nicht verändert hat, erleben wir mitten unter uns, denn es gilt, was die Bibel sagt: Jesus ist derselbe, gestern, heute und in alle Ewigkeit.

Es gilt, eine immense Kraft im Christentum wieder zu entdecken. Bei all der Aufklärungsarbeit der naturwissenschaftlichen Orientierung an den technischen Fortschrittsglauben vergangener Jahrzehnte sowie an einer entmythologisierenden Theologie ist dieses Wissen in Europa leider fast ganz verloren gegangen. Obwohl Gottes Segnungs- und Heilungsquelle schon seit Jahrtausenden sprudelt, ist diese Kraft trotzdem im christlichen Abendland weitestgehend durch rationale Denkrichtungen überdeckt und verdrängt worden. Deswegen können Menschen bildlich gesprochen neben der vollen Scheune verhungern oder direkt neben der sprudelnden Quelle verdursten. In gleicher Weise wie Gottes Heilungskraft war Elektrizität schon immer da, schon Jahrtausende, bis jemand kam, der die ersten Schritte unternahm, sie nutzbar zu machen. Heute erfreut sich jeder Haushalt mit all seinen Geräten daran, dass diese unsichtbare Realität, die wir Elektrizität nennen, effektiv eingesetzt wird. In ähnlicher Weise sind Gott und seine Kraft zwar unsichtbar, aber wir können uns seine Kraft auf entsprechenden Wegen zu eigen machen.

Gott ist allgegenwärtig. Deshalb betritt kein Arzt, mag er ein noch so erklärter Atheist sein, das Krankenzimmer seiner Station je alleine. Wenn der Mediziner eine Wunde betreut, muss er doch warten, bis der allgegenwärtige Gott das Gewebe ausheilen und die gerichteten Knochen zusammenwachsen lässt. Der Arzt mag die heilende Kraft im Genesungsprozess Natur oder Selbstheilungsprozess nennen, doch beschreibt er mit seinen Worten nur die Wirkungsweisen dessen, den wir in diesem Buch Gott nennen.

Etliche der hier in diesem Buch aufgeführten Heilungsbeispiele zeigen jedoch auf, dass Gott nicht nur allmählich, sondern auch spontan heilt, ein Vorgang, den auch Ärzte zuweilen erleben und nicht erklären können.

Noch eines möchte ich in diesem Zusammenhang erwähnen. Ich stehe für keinerlei religiösen Heilungsfanatismus Pate, der sich gegen die wertvolle Arbeit der Frauen und Männer im weißen Kittel richtet. Wenn Sie für Ihre Erkrankung noch keinen ausgeprägten Glauben in Gott, den Heiler, haben oder bezweifeln, dass Gott tatsächlich eingreift, dann sollten Sie schleunigst den besten Arzt in Ihrer Umgebung aufsuchen. Bitten Sie Gott, Ihnen den richtigen zu zeigen. Hierbei sollten Sie nicht das Gefühl haben, Ihr Glaube sei schwach oder wertlos, bloß weil Sie einen Arzt aufsuchen. Gott bedient sich ja häufig der Kombination von Gebet und Arztbesuch. Der Arzt kann, wie wir schon sagten, nicht heilen, er gibt Ihnen lediglich Medikamente, entfernt chirurgisch krankhaftes Gewebe, setzt Metallteile ein und näht anschließend die Wunde zu. Mehr kann auch er nicht tun.

Als Christen haben wir darüber hinaus das Privileg, glaubensvoll damit zu rechnen, dass Gott eingreift und den Heilungsprozess beschleunigt. Im 16. Jahrhundert lehrte der berühmte Arzt Paracelsus den auch noch für heute gültigen Satz: „Der Arzt ist ein Knecht der Natur, und Gott ist der Herr der Natur. Die Kunst des rechten Arztes kommt von Gott." Es ist ja keine unbekannte Sache, dass ein Arzt namens Lukas die Apostelgeschichte geschrieben hat. Danken wir Gott für jeden guten Arzt, der kein Kurpfuscher ist, danken wir ihm für jedes gute Medikament, das preiswert ist und wenig Nebenwirkungen hat. Ich selbst nehme ärztliche Hilfe gerne in Anspruch, wenn dies Gottes Weg für mich ist.

Bevor ich meine einführenden Worte beende, möchte ich mit noch einem Irrtum aufräumen, der beim Lesen dieses Buches aufkommen könnte. Etliche Menschen meinen, ich besäße eine Gabe oder Kraft, die Menschen heilt. Das möchte ich liebevoll weit von mir weisen. Weder besitze ich Heilungskräfte, noch lasse ich mich gerne der Kategorie „Heiler" zuordnen.

Ich will jedoch nicht verheimlichen, dass ich die Quelle der göttlichen Heilkraft und den Heiler persönlich kenne. Er heißt Jesus Christus, und ich bin bestenfalls als Mitarbeiter seines Pflegepersonals zuzuordnen. Weil die Heilkraft von ihm kommt, die er mir letztlich nur leiht, nehme ich nie auch nur einen einzigen Pfennig für meine Gebete, noch tut dies irgend jemand anderes aus meinem Team. Gott hat uns seine Gaben geschenkt, wieso sollten wir sie dann weiterverkaufen? Wir möchten, dass das göttliche Geschenk des Lebens und der Gesundheit möglichst vielen Menschen zuteil wird, und wenn dies durch uns oder andere geschehen sollte, sind wir froh und dankbar.

Von staatlicher Seite ist Gesundheit durch die immer wieder neuen Reformen eine extrem kostspielige Angelegenheit. Obwohl unsere Krankenkassenbeiträge inzwischen astronomisch angestiegen sind, müssen wir für jedes Rezept und für viele Behandlungen doch eine Menge Geld hinblättern. Als ich neulich für einen schwer asthmageplagten Taxifahrer betete, der mich nach einem Heilungsgottesdienst in England von Southampton zum Flughafen London-Heathrow fuhr, erzählte mir dieser, dass er bei einem Geistheiler in Behandlung sei und dass ihn dieser schon viel Geld gekostet habe. Ich erzählte ihm, dass er bei mir eine Behandlung gratis kriegen würde, und betete für den dankbaren Mann, als wir am Flughafen hielten. Noch nie habe ich eine Mark für eine Heilung verlangt, selbstverständlich sind die Heilungen kostenfrei, denn Jesus sagte: Umsonst habt ihr es empfangen, umsonst gebt ihr es weiter. Aus diesem Grund probieren wir obendrein, unsere Zeitschrift, die Healing Times, ebenfalls umsonst weiterzugeben.

Vor Jahren sah ich mich infolge der Schließung einer Arztpraxis nach einem neuen Hausarzt (beziehungsweise einer Ärztin) um. Durch meine Recherchen wollte ich herausfinden, ob der neue potenzielle Hausarzt auch qualifiziert und auf dem neuesten Stand medizinischen Wissens war. Auf meiner Suche gab mir ein Gemeindemitglied genügend detaillierte und exzellente Auskunft über eine Ärztin, die ich ins Visier nahm. Mein Vertrauen in die neue Ärztin wurde gestärkt und ich fand bestätigt, was ich zuvor an Positivem über sie gehört hatte. In gleicher Weise möchte ich nun Ihr Vertrauen in den besten aller Ärzte wecken, jenen Arzt, der die größte universelle Praxis besitzt und der seit Jahrtausenden erfolgreich praktiziert. Seine Behandlungsmethoden sind vielleicht etwas außergewöhnlich, doch möchte ich sagen, dass es für ihn keine hoffnungslosen Fälle gibt. Sie werden weder Ihren Krankenschein brauchen noch entstehen Ihnen irgendwelche Zusatzkosten.

Sie ahnen schon: Der Name dieses unkonventionellen Arztes ganz ohne Doktortitel heißt Jesus Christus. Da ich regelmäßig seine Praxis besuche und ihm seit einigen Jahren assistieren darf, habe ich ein nicht unerhebliches Wissen über seine Kompetenz und über seine Zuverlässigkeit erworben, was ich mit diesem Buch zum Thema Heilung über die Kraft Gottes auch an Sie weitergeben will. Alles, was Sie in seine Praxis mitbringen sollten, sind Vertrauen und Glauben, allerdings nur in der Größe eines Senfkorns. Natürlich wird es nahezu unmöglich sein, göttliche Heilung zu empfangen, wenn Sie nicht fest davon überzeugt sind, dass es Gottes Wille ist, Sie zu heilen. Die Bibel betont, dass der Glaube durch das Hören des Wortes Gottes kommt (Römer 10, 17); indem Sie Gottes Wort hören oder lesen entsteht auf wundersame Weise Glauben in Ihnen, der Ihnen hilft, Heilung durch Gebet an Gott zu empfangen.

Weiterhin heißt es in der Bibel, dass seine Worte bei denen, die sie finden, Leben und Gesundheit hervorbringen (Sprüche 4, 22). In Gottes Wort selbst ist die Kraft für Heilung enthalten. Gott selbst wacht über seinem Wort, damit es ausrichtet, wozu es gesandt wurde. Ich möchte Sie ermutigen, Ihren Glauben in Jesus, den Heiler, aufzurichten. Ob Sie selber eine Heilung suchen oder gerne für andere beten wollen, dies Buch wird Sie inspirieren und anspornen, mit Gott in neue Horizonte der Heilung und des Übernatürlichen vorzustoßen. Sie werden etliche Geschichten von Menschen lesen, die durch die Kraft Gottes geheilt wurden und in einigen Fällen erklärende Kommentare von mir.

Damit Sie, lieber Leser, wissen, worum es in diesem Buch geht, möchte ich Ihnen auch durch Betroffene berichten lassen, wie sie Gottes heilende Kraft erfahren haben. Es folgen zunächst einige ihrer Erlebnisse.

Mit diesem Buch möchte ich Sie mehr und mehr mit Jesus, dem Heiler, vertraut machen. Alles andere, was Sie daraus machen, überlasse ich Ihnen. Gott segne Sie beim Weiterlesen!

Teil 1: Gott will seinen Kindern Gutes tun

Shelly Botkins erzählt

Fassungslos starrte ich in den Fernseher. In der Talkshow beschrieb eine Frau all die Symptome, die ich seit dem Ende der Pubertät gehabt hatte: ein früher Beginn der Periode im Alter von nur neun Jahren, unglaubliche Stimmungsschwankungen und starke Schmerzen während der Periode, Übergewicht, Diabetes und Unfruchtbarkeit. Kein Arzt hatte mir helfen können, keiner hatte den Zusammenhang gesehen, aber jetzt hatte ich endlich eine Diagnose für mein Leiden: vielfache Zysten an den Eierstöcken, hervorgerufen durch eine Störung des hormonellen Gleichgewichtes. Bei einem neuen Arzt, den ich nach der Selbstdiagnose aufsuchte, wurde es durch den vaginalen Ultraschall sichtbar: Zehn oder elf Zysten lagen wie eine Perlenkette um meinen rechten Eierstock, der linke hatte „nur" drei Zysten. Mit dieser Hormonstörung geht oft auch Diabetes einher, und ein Test ergab dann, dass der Blutzucker sehr hoch war und ich ab sofort ein Medikament zur Normalisierung des Blutzuckerspiegels zweimal täglich nehmen musste. Dieser tägliche Umgang mit der Krankheit war ein Schock. Aber so wurde die Krankheit auch ein fester Bestandteil meines Alltags.
Irgendwann merkte ich, dass ich mich bisweilen richtiggehend hinter der Krankheit versteckte, dass ich sogar diese Krankheit dazu benutzte, um die Aufmerksamkeit anderer Menschen auf mich zu ziehen, um geliebt, besonders gehegt, gepflegt und ein bisschen verhätschelt zu werden. Das erschütterte mich schon sehr. Ich habe dann gebetet, dass Gott mir hilft, mich zu verändern. Im März 2001 kam Andreas in meine Gemeinde und betete für Kranke. Ich ging selbstverständlich nach vorne, um Gebet zu bekommen. Da ich nicht die ganze lange Krankengeschichte wortreich erklären wollte, sagte ich einfach nur etwas von einer Hormonstörung und dass ich keine Kinder bekommen kann. Ich habe fest geglaubt, dass Gott mich heilen konnte und wollte.

Als Andreas für mich betete, fühlte ich mich so, als ob Gott in mir Dinge „herumschieben" würde. Das war schon ein komisches Gefühl. Nun war ich natürlich sehr neugierig, was sich getan hatte. Ich ließ mir für den übernächsten Tag gleich einen Termin bei einem Arzt geben, der mir von verschiedenen Leuten empfohlen worden war. Dieser Arzt schaute sich die inzwischen recht umfangreiche Krankenakte gründlich an, bevor er mich dann untersuchte.

Das Ergebnis dieser Untersuchung war, dass die Zysten alle völlig verschwunden waren! Die Entfernung der Zysten, die die Ärzte vorgeschlagen hatten, wäre entweder durch Drainieren der Zysten, eine Eierstockentfernung oder eine komplette Gebärmutterentfernung möglich gewesen. Das wollte ich natürlich nicht. Aber jetzt bin ich geheilt und habe keine einzige Narbe, und eine weitere Untersuchung ergab sogar, dass der Eisprung regelgerecht erfolgt. Ich kann jetzt sogar Kinder bekommen! Außerdem hat sich eine wesentliche Verbesserung des Diabetes ergeben: Ich nehme jetzt viel weniger von dem blutzuckersenkenden Medikament. Die Ärzte rechnen sogar realistisch damit, dass ich das Insulin im Laufe des nächsten Jahres absetzen darf. Im Mai habe ich geheiratet, und ich bin gespannt, was Gott noch Gutes tut.

Christine Rutherford

In einem Heilungsgottesdienst, den Andreas Herrmann im März 2001 in meiner Heimatgemeinde in Knoxville in Tennessee hielt, hörte ich, wie er von vorne sagte, dass Gott gerade Knoten in den Brüsten einer Frau heilt. Ich habe schon immer geglaubt, dass Gott mich heilen würde. Man hatte bei mir nämlich 1988 eine Diagnose von fibroiden Tumoren in beiden Brüsten gestellt. Andreas sagte dann, dass die Frau auf der Toilette mal prüfen soll, ob sich etwas getan hat.

Ich bin Krankenschwester und habe mir dann also auf dem Klo beide Brüste abgetastet – und die Knoten waren völlig verschwunden. Ich bin dann nach vorne gegangen und habe das erzählt.

Am nächsten Abend war noch ein Gottesdienst. Da sagte Andreas, dass wir die Hand auf die kranke Stellen legen sollten und dabei in der Anbetung bleiben sollen. Also legte ich mir diesmal die Hände auf meine Handgelenke.

Andreas sagte dann, dass Gott gerade Handgelenke heilt. Auf dem rechten Handgelenk hatte ich einen Knoten, und der verschwand in diesem Moment. Im linken Handgelenk hatte ich Schmerzen, wenn ich es bewegte oder belastete. Und der Schmerz verschwand einfach in dem Moment, als Andreas sagte, dass Handgelenke geheilt werden.
Ich bin Gott für beide Heilungen sehr dankbar, und ich hoffe, dass Gott Andreas segnet.

Mira Schüpferling kam gleichzeitig mit ihrer Heilung in ihrem ersten Gottesdienstbesuch im CZW zum Glauben. Sie ist wie runderneuert, sagt sie. Doch lesen Sie selbst in ihrem Bericht.

Mira Schüpferling berichtet

Am 14. Januar 2001 waren wir, mein lieber Mann und ich, das erste Mal im CZW (Christlichen Zentrum Wiesbaden).
Drei Wochen vorher waren wir in Süd-Afrika mit lieben Freunden in der Messe der Christlichen Gemeinde Fish Hoek. Diese Messe und die liebe, herzliche Art unserer Freunde haben uns angetrieben, in Deutschland eine ähnliche christliche Gemeinde zu finden.
Unsere erste Messe im CZW war am 14. Januar die Heilungsmesse. Was mir hier passiert ist, halten wir für ein Wunder. Ich habe immer mit großem Interesse zugehört, wenn jemand von einem Wunder erzählt hat, aber geglaubt habe ich es nicht unbedingt. Während der Heilungsphasen hat mich etwas angetrieben, nach vorne zu gehen, was ich von mir gar nicht kenne. Ich war immer eher zurückhaltend. Ich stand da mit all den anderen, die nach und nach die Heilung erfuhren, und fing plötzlich an zu weinen. Mein Gesicht und mein Hals waren nass von Tränen. Dabei fühlte ich mich in diesem Moment sehr zufrieden, sogar sehr glücklich.
Nach einer Zeit fing ich an zu zittern an Armen und Beinen. Ich bemerkte, wie neben mir immer wieder Leute umfielen und ich dachte, das kann dir nicht passieren, die sind bestimmt schon lange im CZW und haben das Jahre geübt und schmeißen sich einfach nach hinten. Das kann man nicht einfach so, dachte ich, konnte jedoch nicht verstehen, was dies bezwecken sollte.
Nach einiger Zeit kam Andreas in meine Nähe, und ich merkte, dass ich

immer mehr zitterte. Ich kann nicht genau sagen, ob er mich berührte oder nur vor mir stand, auf jeden Fall habe ich nun am ganzen Körper gezittert. Tausend Gedanken schossen mir durch den Kopf, unter anderem, „du wirst doch jetzt nicht umfallen." In diesem Moment verließen mich meine Kräfte und ich fiel um. Ich, die das erste Mal bei einer Heilungsmesse war, konnte nicht verstehen, was jetzt passiert war. Ich war nicht bewusstlos und bekam rundherum alles mit.

Wart ihr schon einmal verliebt? Habt ihr schon einmal Schmetterlinge im Bauch gehabt? Hattet ihr schon einmal das Gefühl, die ganze Welt umarmen zu können? Genau so habe ich mich in diesem Moment gefühlt. Ich lag ein paar Minuten auf dem Boden, leicht wie eine Feder, jedoch so schwer, dass ich gar nicht aufstehen wollte.

Als die Heilungsmesse zu Ende war, sind wir zu unserem Auto gelaufen. Auf dem Weg dorthin habe ich meinen Mund weit aufgemacht, ein, zwei, drei Mal habe ich ihn ganz weit aufgerissen. Ich drehte mich zu meinem Mann um und sagte: „Schau mal!", und machte meinen Mund ganz weit auf. Er sagte: „Mach das noch mal!", und war ganz erstaunt. Am nächsten Morgen hat er mir noch mal gesagt, dass ich den Mund ganz weit aufmachen soll, und es ging auch ganz wunderbar, wie am Tag zuvor nach der Heilungsmesse.

Ihr fragt jetzt, was das soll, den Mund weit aufmachen kann doch jeder. Aber das war nicht so! Vor 26 Jahren hatte ich einen Unfall mit einem Mofa und konnte seit diesem Tag meinen Mund höchstens nur noch zwei Zentimeter aufmachen.

In diesen Jahren ist es mir auch ein paar Mal passiert, dass ich meinen Mund aufmachte und er ein paar Sekunden nicht mehr zuging. In diesen Momenten ist in mir immer Panik ausgebrochen. In mir war die Angst immer da, dass ich irgendwann meinen Mund aufmache und ihn nicht mehr zumachen kann.

Könnt ihr das verstehen? Schlimm, oder? Ich war bei verschiedenen Ärzten deswegen. Zuletzt war ich letztes Jahr bei einem Kieferchirurgen in Mainz. Er konnte mir auch nicht helfen. Er gab mir einen Stapel Mundspatel, mit denen ich trainieren sollte, jeden Tag eine Spatel mehr in den Mund zu schieben. Vor lauter Angst, dass mein Mund offen stehen bleibt, habe ich die Spatel weggeworfen.

Nun habt ihr von meinem Wunder in der Heilungsmesse erfahren. Es hat sich jedoch noch viel mehr getan bei mir und mit mir. Wir freuen uns jeden Sonntag, mit euch in der Messe zu sein und den Weg ins CZW gefunden zu haben. Ihr wisst, Gott kennt keine Grenzen und Entfernungen, man muss ihm nur vertrauen und offen für ihn sein.

Als meine Tochter schwimmen lernte, bin ich auch immer mit ins Schwimmbad gegangen, und dann war irgendwann mein Nagel so komisch. Ich habe das erst gar nicht beachtet, aber dann wurde es so schlimm, dass man den Nagel abheben konnte. Das ist 16, 17 Jahre so gewesen, und es wurde immer schlimmer. Ich habe da immer dick Nagellack drauf getan, oder ein Pflaster drum gewickelt, wo ich doch so gerne offne Schuhe trage. Als ich vor dem Wiesbadener Heilungsgottesdienst in Südafrika war, habe ich mir die Nägel frisch lackiert, aber dann habe ich den Nagellack zwei Wochen nach dem Heilungsgottesdienst abgemacht, um ihn neu zu machen, und da war darunter ein ganz neuer Nagel, ich konnte das gar nicht glauben. Ich habe dann den Hausarzt gefragt, wie lange braucht eigentlich ein Nagel zum Wachsen. Ich hatte ja keine Ahnung, ob das ein halbes Jahr oder so ist – jedenfalls braucht der Nagel länger als drei Wochen! Da hat keiner für gebetet, und Gott hat doch geheilt! Ich habe den Arzt gefragt, ob er an Wunder glaubt. Er hatte keine Erklärung.

Ich habe auch seit elf Jahren so Kreuzschmerzen gehabt, so einen starken, plötzlichen und bewegungseinschränkenden Schmerz. Ich konnte mich dann immer gar nicht bewegen, wenn es ganz schlimm war, und der Arzt musste zu mir nach Hause kommen und mir eine Spritze geben. Auch sonst habe ich es immer beim Aufstehen gemerkt, auch in der Sauna. Und das ist jetzt auch weg.

Und noch was ist in dem Gottesdienst passiert, das haben wir aber erst im Laufe der Zeit gemerkt. Nach dem tödlichen Autounfall meines ersten Mannes 1989 hatte ich von verschiedenen Ärzten Tabletten gegen Depressionen verschrieben bekommen, die ich täglich nehmen musste. Verschiedene Versuche, diese Tabletten abzusetzen, warfen mich immer wieder in tiefe Löcher, denen ich erst nach erneuter regelmäßiger Einnahme der Tabletten entrinnen konnte. Auch eine Kur von acht Wochen brachte keinen Erflog – ich brauchte dieses Medikament.

Nach dem Heilungsgottesdienst, und der Beobachtung meiner Heilungen, traute ich mich nicht, die Tabletten sofort weg zu lassen. Erst Ende Februar habe ich diese langsam abgesetzt, indem ich erst einen Tag ausfallen ließ, und am nächsten wieder nahm. Mit der Zeit habe ich die Abstände verlängert. Dank Gottes Hilfe brauche ich bis heute keine Mittel mehr gegen Depressionen und ich fühle mich wohl.

Meine Tochter sagte schon: „Es kann net sein, dass bei dir alles auf einmal gut ist." Ist es aber doch.

Anmerkung: Das Heilungsteam, die Ärzte und ich raten in jedem Falle vor dem eigenmächtigen Absetzen von Medikamenten ab, egal, um welche Medikamente es sich dabei handelt. Ein zuvor regelmäßig genommenes Medikament darf nur unter Anraten und unter Aufsicht eines Arztes abgesetzt werden.

Annika Wentritt erzählt

Nach einem für mich sehr traumatischen Ereignis 1995 brach mein Immunsystem völlig in sich zusammen. Vorher war ich kerngesund, aber nun konnte ich meinen Körper nicht mehr verstehen. Erst plagten mich etwa alle drei bis vier Monate Erkältungen und grippale Infekte: Hatte sich der Körper gerade vom einen erholt, bekam er den nächsten. Nach und nach kamen Kopfschmerzen als Reaktion auf bestimmte chemische Stoffe hinzu und Magenkrämpfe nach einem leckeren Essen.

Auf einen Tipp hin schrieb ich dann ganz detailliert Tagebuch, um die schädlichen Stoffe herauszufinden. Ohne Erfolg. Die ganze Mühe war umsonst. Das Rennen von Arzt zu Arzt begann. Keine Allergien, alle sonstigen Werte tipptopp in Ordnung.

Ich fragte mich ratlos, woher kamen nur die ständigen Unverträglichkeiten und die dauergeschwollenen Lymphknoten am Hals? Ich hatte einen regelrechten Hass auf die dumpf schulmedizinisch ausgebildeten Ärzte, die mir was vom Pferd und Psychogeschichten einreden wollten, nur weil sie sich nicht mit meinen Symptomen auskannten. Also wurde ich Stammgast bei Heilpraktikern. Dies brachte zunächst eine Besserung, nur kam man auch hier nicht an die eigentliche Ursache der Unverträglichkeiten.

Eines Nachts passierte es: Ich hatte mir am Nachmittag die Haare selbst gefärbt und ging abends nichts ahnend ins Bett. Nur wenige Stunden waren vergangen, als ich plötzlich durch meinen eigenen Herzschlag geweckt wurde. Mein Herz schlug total schnell und hektisch, so dass ich mit dem Atmen gar nicht mehr nachkam. Ich habe dann versucht, mich selber zu beruhigen, dass sich das von selbst wieder legt. Tat es aber nicht – im Gegenteil. Langsam kroch Panik in mir hoch. Ich hatte das Gefühl, als würde ich jeden Augenblick das Bewusstsein verlieren. Also habe ich probiert, die Gegenstände mit den Augen festzuhalten und mich am Riemen zu reißen. Doch irgendwann reichte auch das nicht mehr: Ich hatte das Gefühl, nicht mehr genug Sauerstoff zu bekommen, und rannte zum Balkon. Mit weit aufgerissenem Mund atmete und atmete ich. Die frische Luft tat zwar gut, konnte aber nicht schnell genug Sauerstoff in die Lungen pumpen. Ich habe gemerkt, wie mir die Knie zitterten vor Angst und ich völlig kraftlos wurde. „Was mach ich jetzt nur? Reicht das schon, um einen Notarzt zu rufen?". Tränen der Angst kamen einfach. Erst als ich ein Glas mit aufgelösten Calcium-Brausetabletten trank, wurde ich langsam ruhiger. Den Rest der Nacht verbrachte ich auf dem Boden liegend, direkt an der geöffneten Balkontür, wo ich dann halb schlafend und halb wachend in Angst auf eine nächste Attacke wartete.

Ein befreundeter Rettungsassistent, dem ich das Erlebnis erzählte, sagte mir: „Das war so was wie ein anaphylaktischer Schock. Das hätte ganz schnell auch tödlich ausgehen können." Ich war vom Donner gerührt. Von da an bin ich nie mehr ohne Calcium-Brausetabletten aus dem Haus gegangen. Ich mied sämtliche chemische Stoffe – bis auf den heißgeliebten Eyeliner – und testete mich vor dem Kauf eines neuen Produktes kinesiologisch selbst. Doch was tun, wenn im Bus zur Uni ein Fahrgast Haarspray oder starkes Parfüm oder sonst irgendwas aufgetragen hatte? Oder wenn ich plötzlich auf das übliche Waschmittel reagierte? Die Symptome mit Herzrasen, Kurzatmigkeit und Panik kamen wieder – ganz unberechenbar. Da hieß es, ganz schnell aus dem Bus rauszukommen oder in mindestens fünf Waschmaschinen den gesamten Kleiderschrank neu waschen. Die ständige Angst vor neuen Attacken war jahrelang mein Begleiter. Ein schicker schwarzer Ledermantel brachte mir eine lebensgefährliche Chromvergiftung ein, weil Leder manchmal mit schädlichem

Chrom gegerbt ist und ich wegen dem schwachen Immunsystem keine Abwehrkräfte mehr hatte. Einen Anflug von Diphterie, mit der mein Körper ebenfalls nicht fertig wurde, habe ich auch nur knapp überstanden.

Als ich dann meinen Absprung machte, weil ich anfing, Gott ernst zu nehmen, kam ich zu der Überzeugung, dass Gott mich ja eigentlich heilen könnte. Die Schulmediziner hatten für mich ohnehin versagt. Also kam ich regelmäßig zu den Heilungsgottesdiensten im CZW und betete und hoffte auf Heilung. Nichts passierte. Doch Gott setzte sein Skalpell an der Wurzel an – dem traumatischen Ereignis, das mein Immunsystem zum Einsturz gebracht hatte. Beim Heilungsgottesdienst am 28. Mai 2000 war es dann soweit: Ich merkte, dass ein Aufruf von Andreas mir galt. Nach seinem Gebet nahm ich die Heilung im Glauben an – das „Amen" am Ende war mein Schlüsselwort.

Es war keine Blitz-Heilung. Aber nach und nach schwollen die Lymphknoten am Hals ab, die fünf Jahre lang vergrößert waren. Und nach und nach hatte ich Lust auf eine neue Frisur und eine neue Haarfarbe. Trotz eines leicht mulmigen Gefühls wegen des nächtlichen Erlebnisses auf dem Balkon ging ich zum Friseur. „Wenn Gott mich wirklich geheilt hat, müsste das gut gehen", dachte ich mir. Pure Chemie, das Blondieren und Färben. Aber mein Körper vertrug die chemische Prozedur ohne Probleme. Einfach der Hammer! Was da alles auf meinen Kopf geschmiert wurde, und wie das gestunken hat, richtig beißend. Und ich hab alles vertragen! Stolz trug ich meinen neuen roten Kurzhaarschnitt als sichtbares Zeichen der Heilung. Seitdem sind Reaktionen und Unverträglichkeiten ausgeblieben. Und wenn doch wieder mal welche anklopfen, weise ich sie entschieden und jedes Mal erfolgreich zurück.

Gott will seinen Kindern Gutes tun (Fortsetzung)

Sie haben nun einige Berichte darüber gelesen, dass Gott tatsächlich heute heilt. Obwohl viele Menschen davon überzeugt sind, dass Gott durchaus in der Lage ist zu heilen, sind sie jedoch unsicher, ob er gerade sie heilen möchte. Und daraus ergibt sich dann ein inneres Dilemma, das schier unlösbar ist: Wie können wir Glauben für unsere

Heilung entfalten, wenn wir nicht sicher sind, dass Gott uns heilen will? Wir müssen uns erst sicher sein, dass Gott heilen will und dass er uns persönlich heilen will, bevor wir anfangen können, das auch zu glauben.

Angenommen, Ihr Kind wird krank, und Sie hätten die Möglichkeit und Fähigkeit, es zu heilen. Sie würden auf der Stelle alles veranlassen, was einer schnellen Heilung oder Genesung dienlich wäre. Unser himmlischer Vater ist weitaus engagierter und noch stärker von Liebe angetrieben als irdische Eltern. Jesus drückt diesen Sachverhalt in folgenden Worten aus (Matthäus 7, 11): „Wenn nun schon ihr, die ihr böse seid, euren Kindern gebt, was gut ist, wie viel mehr wird euer Vater im Himmel denen Gutes geben, die ihn bitten." Jesus versucht hier, unsere Augen für die Liebe des Vaters zu öffnen. Mit anderen Worten sagt er: „Denkt doch mal über eure eigene Elternliebe nach und setzt das in Relation zur absoluten Liebe unseres himmlischen Vaters."

Dass die irdische Elternliebe gewisse Begrenzungen hat, erkennen wir an der Tatsache, dass es immer wieder Eltern gibt, die ein Lieblingskind haben. Auch hier klärt uns die Bibel darüber auf, dass es bei Gott kein Ansehen der Person gibt. (Apostelgeschichte 10, 34). Er liebt mich, bloß weil ich vollzeitlich für ihn arbeite, doch kein bisschen mehr als Sie, und er liebt Ihren durchgeknallten Nachbarn auch kein bisschen weniger als Sie. Oft gehen wir selbst unseren

Seine Vaterliebe ging so weit, dass er seinen eingeborenen Sohn gab, damit alle, die an ihn glauben, nicht verloren werden, sondern ewiges Leben haben. (Johannes 3, 16).

eigenen Ablehnungsgedanken auf den Leim, die ein kleiner Ausdruck dieser gefallenen Welt sind, und wir denken, Gott liebe die anderen Menschen mehr als uns. Seine Vaterliebe ging so weit, dass er seinen eingeborenen Sohn gab, damit alle, die an ihn glauben, nicht verloren werden, sondern ewiges Leben haben. (Johannes 3, 16).

Jesus selbst hat natürlich auf die blinden Bettler reagiert, die ihm laut nachriefen „Jesus, Sohn Davids, erbarme dich unser." Aber Jesus reagiert nicht nur auf Lautstärke – im Gegenteil. Zachäus wollte sich im Baum verstecken, er wollte Jesus sehen, ohne selbst gesehen zu werden. Und doch hat ihn Jesus da oben entdeckt und so lieb gewonnen, dass er sich zum Essen einlud. Jesus hat auch liebevoll auf Kinder reagiert, die ihm von ihren Eltern gebracht wurden, und die die Jünger lieber wegschicken wollten. Jesus hat Maria, die zu seinen Füßen saß und ihm zuhörte, gelobt – und nicht Martha, die mit aller Kraft daran arbeitete, Jesus und seinen Mannen etwas aufzutischen. Er lässt sich nicht von Lautstärke oder von Leistung beeindrucken, sondern nur von Herzen, die sich nach seiner Nähe sehnen – ganz egal wie laut oder wie leise, wie leistungsstark oder wie schwach sie sind. Jesus sagte es selbst ganz deutlich: „Ich bin der Weg, die Wahrheit und das Leben, niemand kommt zum Vater (und zu seinen Segnungen) außer durch mich." (Johannes 14, 6) Wer die Segnungen des Vaters will, sollte sich mit Jesus etwas näher befassen. Durch Jesus, der einen großen Preis am Kreuz für eine gefallene Welt zahlte, haben wir Menschen wieder einen freien Zugang zu unserem himmlischen Vater. Durch den Zugang über Jesus zum himmlischen Vater können wir unsere Bestimmung, unseren inneren Frieden, Heilung, aber auch ewiges Leben bereits hier auf Erden erlangen. Dies geschieht allerdings nur auf der Basis unserer freiwilligen Einwilligung. Denn Gott hat uns als materielle, physische Wesen mit Geist und Willen geschaffen, die frei wählen dürfen.

Gott, der Vater – kaum zu glauben???

Als die Jünger eines Tages Jesus fragten, wie sie beten sollten, klärte er sie darüber auf, dass sie Gott Vater nennen sollten. Das Wort Vater ist ein starkes, bedeutungsvolles, positives Wort und enthält all das, was Gott gerne für sie sein möchte. Jesus erklärt vertiefend, dass dieser Vater sogar die Haare auf dem Kopf eines jeden Menschen gezählt hat. (Matthäus 10, 30) In diesem Bild spiegelt sich Gottes Anteilnahme und Wertschätzung für jeden Menschen wider. Haben Sie sich schon einmal die Mühe gemacht, jedes Haar Ihrer Kinder zu zählen? Zu den weiteren Aussagen dieses Vaters gehören folgende: „Ich habe dich in meine Hand gezeichnet, du bist mein." Oder: „Ich werde dich nicht verlassen noch von dir weichen." Diese Liebe ist im positiven Sinne überwältigend.

Auch wenn vielleicht der Vaterbegriff infolge negativer Kindheitserfahrungen bei Ihnen negativ besetzt ist, so sollten Sie nicht den Fehler machen, schlechte Erlebnisse mit den irdischen Eltern auf Gott, den Vater, zu übertragen. Im Gegenteil – gerade an dem schmerzlich erfahrenen Mangel erleben Sie ja Ihre eigene Sehnsucht nach dem himmlischen Vater einmal mehr. Welchen Sinn hätte es sonst, sich nach elterlicher Liebe zu sehnen, wenn wir sie nie bekommen könnten? Augustinus hat es so formuliert: „Unruhig ist unser Herz, bis es Ruhe findet in dir." Er meinte Gott, und genau das ist der himmlische Vater, bei dem Sie zur Ruhe kommen dürfen, bei dem Sie frei werden können. Wenn mir mit diesem Buch nichts anderes gelingt, dann hoffentlich dieses: Dass Sie diesen Vater kennen lernen, ihn lieben und sich von ihm lieben lassen.

Ist es wirklich der Wille Gottes, seine Kinder zu heilen?

Lesen wir doch für einen kurzen Moment drei Verse der Heiligen Schrift:

> „Als Jesus von dem Berg hinabstieg, folgten ihm viele Menschen. Da kam ein Aussätziger, fiel vor ihm nieder und sagte: ‚Herr, wenn du willst, kannst du machen, dass ich rein werde.' Jesus streckte die Hand aus, berührte ihn und sagte: ‚Ich will es – werde rein!' Im gleichen Augenblick wurde der Aussätzige rein." (Matthäus 8, 1-3)

Aus dieser Passage geht deutlich hervor, dass es Gottes Wille ist, uns zu heilen. Ich glaube nicht, dass es sinnvoll ist, auf religiöse Weise zu sagen: „Ich leide diese Krankheit zu seiner Ehre." Wenn das so wäre, sollten wir noch hinzufügen: „Halleluja! Jetzt bin auch ich endlich krank!" Wer so spricht, ist tatsächlich auf irgendeine Weise erkrankt – auf eine gewisse Art religiös-entgleist zu denken. Was Gott wirklich Ehre macht, sind Gesundheit und Heilung.

Der Aussätzige sagte: „Herr, wenn du willst, kannst du mich heilen." Ohne Zweifel hatte er den Glauben an Gottes Fähigkeit, ihn zu heilen. Er hatte, wie viele Menschen, nur wenig Glauben daran, dass Gott ihn heilen wolle. Deshalb sagte er: „Herr, wenn du willst, kannst du mich heilen." – „Ich will, sei geheilt", kam die Antwort in Verbindung mit einer Spontanheilung. Jesus sagt uns heute immer noch das Gleiche. Denn in Hebräer 11, 13 lesen wir, dass Jesus derselbe ist gestern, heute und in Ewigkeit. Seine positive Aussage „Ich will", gilt heute in gleichem Maße, wie unzählig viele Geheilte am eigenen Körper erfahren durften.

„Ich will, sei geheilt."

So hat es zum Beispiel auch ein neunjähriger Junge in Alabama erlebt. Seine Pastorin hat seine Geschichte aufgeschrieben. Lesen Sie selbst, wie Gott sich seiner erbarmt:

Myrah Graves erzählt von Alex Hudson

Am 31. März 1992 wurde einem Paar in Hanceville, Alabama, ein kleines Kind geboren. Alexander Hudson kam zwei Monate zu früh auf die Welt und war stark untergewichtig. Alle Eltern wünschen sich gesunde, kräftige Kinder, und bei diesen Eltern war es natürlich nicht anders. Und doch kam der kleine Alexander zu ihnen und war nicht gesund, sondern hatte einen ernsten und lebensbedrohlichen Geburtsfehler, den man Spina bifida nennt.

Dieser Geburtsfehler tritt in verschiedenen Formen auf. Er kann ganz leicht sein, so dass man kaum etwas davon sieht, er kann aber auch so sein, dass die ganze Wirbelsäule schwer beschädigt ist und dass der Rücken offen ist. Der Fall von Alex war sehr schwer. Alex war ein schwer behindertes Kind.

Die Ärzte haben den Eltern sogar gesagt, dass er nie laufen und keine normale Kindheit haben würde. Diejenigen, die an einer wirklich schweren Form von Spina bifida leiden, haben auch eine geringere statistische Leberserwartung aufgrund der vielen Komplikationen, mit denen sie leben müssen. Außerdem brauchen sie viele Operationen, kämpfen permanent gegen Entzündungen, und das Immunsystem steht ständig unter Stress.

Bei Alex war der Rücken nach der Geburt vom Steißbein bis zur Brustwirbelsäule ganz offen. Man musste dringend operieren, weil die Wirbelsäule frei lag. Außerdem hatte der Junge einen Buckel. Sein rechtes Schulterblatt war überhaupt nicht zu sehen. Seine Eltern beteten für ihn.

Als Alex drei war, konnte er trotz der düsteren Prognose seiner Ärzte mit einer Gehhilfe oder mit Krücken laufen. Die Ärzte sind heute noch der Meinung, dass seine Beine weder die Muskeln noch die Kraft haben, die er zum Laufen braucht, aber er tut es trotzdem.

Am 24. Januar 2001 musste Alexander sich wieder einer Operation in der Kinderklinik in Alabamas Hauptstadt unterziehen. Sein Rückenmark musste gelöst werden, weil sich Narbengewebe gebildet hatte. Wenn man das nicht getan hätte, hätte dieses Gewebe das Rückenmark eingeklemmt und dann erst gezerrt und später sogar zerrissen. Diese Prozedur ist aber besonders riskant, weil dicht an den Nerven Schnitte vorgenommen werden müssen. Diese Nerven wurden beim Operieren beschädigt, und dadurch wurde sein rechtes Bein sehr geschwächt. Die Operation schien seinen Zustand eher verschlimmert als verbessert zu haben. Nach der Operation konnte Alex kaum mehr laufen. Und nicht nur das, sondern es blieb eine 60 Grad-Kurve, die seine Wirbelsäule zu einer dreidimensionalen S-Form gestaltete.

Im März diesen Jahres kam Andreas in die Gemeinde, die Alex und seine Familie besuchen. Jeden Abend betete Andreas für Alex. Er betete am ersten Abend für die Beine von Alex, und sie wurden kräftiger. Am nächsten Tag verkündete Alex in der Schule, dass ihn Gott heilen würde. Mit großen Erwartungen ging er in den Gottesdienst.

Als Andreas für Alex betete an jenem Abend, spürte er plötzlich, wie der Buckel unter seiner Hand quasi wegzuschmelzen schien. Und tatsächlich, er wurde zusehends kleiner. Irgendwann ging es aber im Gebet an der Stelle nicht mehr weiter, sondern jetzt schien sich die Wirbelsäule zu bewegen. Andreas und die staunenden Zuschauer sahen, wie Gott Großes tat. Die Wirbelsäule von Alex wurde zusehends gerader. Der riesige Buckel auf der rechten Seite des Rückens wurde kleiner und sank, so dass Schultern und Rücken in die richtige Position kamen.

Zum ersten Mal in Alex' Leben konnte seine Mutter sein rechtes Schulterblatt sehen! Während des Gebets hatte Alex das Gefühl, als ob ihm kaltes Wasser über den Rücken strömte. Er wartete sehr geduldig, bis Andreas, der die Pastoren zur Gebetsunterstützung dazuholte, nach den Heilungsgottesdiensten jeweils eine Stunde für ihn betete. Das Kind war sogar so entspannt, dass es während des Gebets einschlief. Bei diesen Gebeten hatte Andreas das Gefühl, dass sich etwas innerlich in Alex bewegt, aber das war schwer festzumachen. Deswegen wartete er auf einen Bericht aus Alabama.

Heute kann Alex ohne seine Krücken laufen. Er ist wieder so kräftig wie vor jener Operation, die seine Nerven beschädigte. Wenn man heute sieht, dass Alex auf einen zukommt, dann sollte man besser schnell die Bahn frei machen – so froh ist er, jetzt laufen zu können.

Gott ist mit seinem Heilungsprozess bei Alex noch nicht fertig. Tag für Tag kräftigt er Alex' kleinen Körper. Und Alex wird nicht aufgeben, bis er völlig geheilt ist. Jetzt, mehrere Monate später, steht fest, dass auch seine Probleme mit Blase und Darm behoben sind und Alex endlich eine normale Verdauung hat. Das war vermutlich die innere Bewegung, die Andreas beim Beten gespürt hatte.

Seine Mutter sagt: „Ich möchte einfach, dass jeder, der an Gottes Fähigkeit zu heilen zweifelt, sich die Wunder anschaut, die er in unserem Leben schon getan hat. Ganz egal, wie es deinem Körper geht, Gott kann ihn heilen!"

Gibt es etwas, was für Gott unmöglich ist? Frag Alexander Hudson ...

Herbert Haußmann erzählt

Mit dieser Notiz will ich meine wunderbare Heilung festhalten, zur Erinnerung für mich, aber auch für andere, die sich interessieren. Dabei kann ich vorausschicken, dass sich alles nur schwer in Worte fassen lässt. Ich habe eine Heilung erleben dürfen, die ich vergleichen darf mit Berichten aus der Bibel. Dabei ging es mir gar nicht um die Vermeidung einer anstehenden Operation, sondern um die Begleitung Gottes. Es geschah mir also viel mehr als erbeten – ein Zeichen.

Kurzfassung: Meine jahrelangen, sich steigernden Probleme mit der Prostata und dem Wasser-Lassen führten am 4. Januar 2001 zu einer Verkrampfung, die sich aber wieder löste.

Der Urologe stellte am 9. 1. keinen sofortigen Eingriff in Aussicht, aber einen rasch bevorstehenden. Ich hatte unveränderte Beschwerden bis zum 14.1. und stellte mich auf eine Operation ein. An diesem Tag besuchte ich einen speziellen Gottesdienst. Mein Gebet ging um die Begleitung Gottes in der anstehenden Lebensphase, aber nicht um Heilung.

Über Nacht hatte ich keine Beschwerden mehr. Am 19.1. erfolgte die Untersuchung beim Urologen. Ich gab mein positives Befinden an. Der Urologe sagte, das sei schön und eine gute Voraussetzung für den Eingriff. Aber nun müsse die objektive Untersuchung einsetzen.

Sie brachte das überraschende Ergebnis, dass eine Operation nicht mehr erforderlich ist. Am gleichen Tag ging ich abends zum Hausarzt. Dieser stellte fest, dass meine Prostata, die jahrelang sukzessiv gewachsen ist, wieder kleiner geworden ist. Auch seine Diagnose lautet, dass momentan kein Eingriff erforderlich ist. Beide Ärzte haben keine Erklärung für die Heilung.

Heilungsgottesdienst: Nun komme ich zu diesem Heilungsgottesdienst. Ich bin Christ, der in seiner Ortsgemeinde heimisch ist. Aber ich bin immer voller Neugier, wie andere Menschen Gott näher kommen wollen. So besuche ich in unregelmäßigen Abständen andere Gottesdienste, auch von Freikirchen. Über das CZW (Christliches Zentrum Wiesbaden) wurde mir von einigen anderen berichtet. Ich war neugierig und fuhr zum Abendgottesdienst hin.

Ich wusste nicht, dass dies ein Segnungs- und Heilungsgottesdienst sein würde. Sonst wäre ich an diesem Tag wahrscheinlich nicht hingefahren. Aber da ich schon einmal da war, blieb ich dort. Es war für mich sehr befremdlich, wie Menschen, nachdem sie einen Segen empfangen hatten, reihenweise umfielen und kurzzeitig am Boden liegen blieben. So wurden zur Heilung Menschen nach vorne aufgerufen, um sich die Hand auflegen zu lassen, mit teilweise ähnlichen äußeren Zeichen.

Ich kam mir eher wie ein Fremdkörper unter diesen Menschen vor. Aber ich war offen und sagte mir, Gottes Wege zu und mit den Menschen sind sicher sehr verschieden. Ich feierte fast meinen eigenen Gottesdienst in dem öffentlichen anderen. Ich breitete die Arme aus und sagte: „Lieber Gott, du kannst zu mir kommen, auch wenn ich das ganz anders sehe. Komme du zu mir in der vor mir liegenden Lebens- und Operationsphase."

Bei einem Aufruf an alle, jeweils die eigene Hand auf die kranke Körperstelle zu legen, folgte ich wie die anderen diesem Aufruf. Dem drauf folgenden Aufruf, nach vorne zu kommen, folgte ich nicht. Ich merkte an diesem Abend für meinen Körper keine Veränderung. Sehr wohl hatte ich das Gefühl der Nähe Gottes in diesem Gottesdienst.

Körperliches Befinden: Meine Beschwerden hatten bis zu diesem Gottesdienst deutlich zugenommen. So musste ich nachts drei- bis viermal das Bett verlassen und auch am Tage etwa in stündlichem Abstand auf die Toilette gehen.

Dabei hatte ich immer nur einen schwachen Strahl und das Gefühl, nicht richtig zu können. Die zwei Ärzte sprachen bei ihrer Diagnose von zu hohem Restharn. Das wäre medizinisch nicht akzeptabel.

Nach dem Gottesdienst war dies plötzlich anders, und ich hatte das Gefühl, wie vor Jahren zur Toilette gehen zu können. Die Ärzte bestätigten mir nur noch eine minimale Restharnmenge, das heißt im normalen Bereich.

Mit beiden Ärzten sprach ich jeweils nach der Schlussuntersuchung über meine Heilung. Der eine glaubt nicht an Christus, sondern eher an einen vagen obersten Lenker, und der andere ist Moslem.

Beide sagten mir, sie könnten sich meine Heilung nicht erklären. Sie hätten aber in ihrer jeweiligen Praxis durchaus schon nicht Erklärbares erlebt. Ich solle mich freuen und jetzt wieder in regelmäßigem Abstand zur Nachuntersuchung kommen. Das Thema Prostata bleibt für mich bestehen.

Mein Gefühl: In der Zeitspanne zwischen Gottesdienst und Schlussdiagnose erlebte ich ein Hochgefühl. Ich hatte keine Bestätigung, fühlte mich aber wohl und ahnte, dass an mir ein Wunder geschehen ist. Ich nehme dies als ein Zeichen. Damit meine ich, es ist mir ein deutlicher Hinweis auf die Macht Christi geschenkt worden. Ich hatte das nicht erwartet. Auch nehme ich nicht an, dass es einen Automatismus gibt: Gebet = Heilung. Es ist mir völlig klar, dass auch wieder Krankheiten auf mich zukommen werden.

So wartet auch der Tod auf mich, in unbekannter Art, wie dieser mich ereilt. Auch geniere ich mich fast, dass mir dieses Erlebnis geschenkt wurde. Andere sind viel kränker und hätten es notwendiger, geheilt zu werden. Aber das Leid, wen es ereilt und wie, ist ja eine alte, nicht gelöste Frage. Natürlich nehme ich das Geschenk und Wunder der Heilung, und ein solches ist es, dankend an.

Bibelstellen: Natürlich fallen mir in diesem Zusammenhang viele Bibelstellen ein. Zwei davon will ich erwähnen: „Denn wo zwei oder drei in meinem Namen versammelt sind, da bin ich mitten unter ihnen." (Matthäus 18, 20). Ja, an diese Gegenwart glaube ich, in unserer Gemeinde, im Hauskreis und eben auch beim CZW. Weiter: „Euch aber muss es zuerst um sein Reich und um seine Gerechtigkeit gehen; dann wird euch alles andere dazugegeben." (Matthäus 6, 33). Ich habe ja gar nicht um Heilung gebetet, und sie ist mir trotzdem zugefallen.

Wie geht es weiter: Ich will nicht nur dem dreieinigen Gott danken und ihn preisen. Ich fühle mich verpflichtet, anderen noch mehr als bisher von seiner Macht zu erzählen, wenn sie es denn hören wollen. Gott ist einfach größer, als wir uns jemals vorstellen können. Wenn ich dabei eine gewisse Werbung für das CZW mache, dann ist das gut. Ich betrachte diese Gemeinde eben auch als eine Dependance von Gott auf Erden, mit allen Zeichen, aber auch Fragezeichen. ... Für mich ist Christus kein Automat. Mein Weg ist das Gebet, durchaus mit konkreten Anliegen. Und dann habe ich die Gewissheit, dass dieses Gebet hilft, auch wenn Gottes Weg ein ganz anderer sein wird, als wir dachten. Bei einem Gebet ist die Gemeinschaft von Christen mit einer besonderen Verheißung versehen. Obwohl mir das CZW so fremd war, empfand ich, dass dort die Nähe Gottes besonders gegeben war. Und weiter erschrecke ich mich fast, weil meine Genesung für mich schon beinahe selbstverständlich geworden ist, aber vielleicht kann sich ein Mensch nicht dauerhaft „auf Wolke sieben" fühlen. Bleiben wird das Erlebnis auf alle Fälle. Auch das ist ein Grund für diese Niederschrift. Sie soll mich selbst an diese Januartage im Jahre 2001 erinnern. Der Gottesdienst liegt nunmehr sieben Monate zurück, und mein Befinden ist unverändert gut.

Zeichen und Wunder und Kraftdemonstrationen

Das naturwissenschaftliche Denken

Als Europäer ist in unserer Wahrnehmung eine naturwissenschaftliche selektive Position ausgebildet, der die übernatürliche Dimension Gottes weitestgehend verborgen bleibt. Naturwissenschaftlich geprägte Kultur, in der wir aufwuchsen, formt, lenkt und begrenzt demzufolge unsere Wahrnehmung. Dass dies nicht ohne Auswirkungen auf unser Denken, Wahrnehmen und unsere Erwartung bleibt, ist einleuchtend. Ist es nicht interessant, dass unserer westlichen Gesellschaft die sichtbare Welt am wichtigsten ist? Wogegen zwei Drittel der Weltbevölkerung glauben, dass sich das Wichtigste im Unsichtbaren abspielt? Der Mensch betrachtet die Welt, in der er lebt, aus der Perspektive jener Prägungsinstanzen, die ihn von frühester Kindheit an geprägt haben. Beschränkend am naturwissenschaftlichen Denkansatz ist, dass er sich nur allein am Sichtbaren, Messbaren orientiert und hierin seine Grenzen findet.

Demgegenüber kommt der christliche Denk- und Glaubensansatz aus einer übernatürlichen Position und Warte heraus, die die naturwissenschaftliche Ebene voll und ganz mit einschließt, da ihr Sichtfeld größer ist. Tatsache ist, dass die biblische Heilungsposition die medizinische anerkennt und in ihrer Größe mit einschließt. Grenzensprengender Glaube fängt da an, wo ein Mensch sagt, ich kann haben, was Gott sagt, dass ich es haben kann. Ich kann tun, was Gott sagt, dass ich es tun kann.

Natürlich werden Kraftdemonstrationen im Heiligen Geist verschieden aufgenommen und bewertet. Abgesehen von einer Über- oder Unterbewertung der zeichenhaften Kraftdemonstration besteht bei einer dritten Gruppe von Menschen, die meist aus einem religiösen Lager kommt, die Gefahr, die Kraftdemonstrationen als eine religiöse

Show abzutun, wohingegen die Herzen vieler „Noch-Nicht-Christen" sich scharenweise zu Gott wenden. Wenn Gott tatsächlich seine Kraft demonstriert, dann ist das in sich selbst eine „Show", in der er sich von einer anderen Seite vorstellt und zeigt. Warum sollten wir Gott diesen Raum nicht geben und uns nicht an seinem Wirken erfreuen, nur weil einige denken, Gott müsse sich zurückhaltend und sensibel auf eine traditionelle menschliche Programmvorgabe reduzieren lassen?

Die drei Hauptfunktionen von Gottes Zeichen und Wundern

Die Spontanheilungen, die wir der Kategorie Wunder zuordnen, und alle Zeichen und Kraftdemonstrationen, die wir erleben, haben im Wesentlichen drei Hauptfunktionen. Das Charakteristikum eines Zeichens ist es ja gerade, dass es auf etwas oder jemanden hinweist oder aufmerksam macht.

Erste Funktion: Zeichen und Wunder und Heilungen sind dazu da, Gott die Ehre zu geben und ihn zu verherrlichen. In Lukas 17, 15-18 lesen wir, dass Jesus zehn Aussätzige geheilt hatte. Im Text heißt es dann weiterhin:

> „Einer von ihnen aber kehrte um, als er sah, dass er geheilt war; und er lobte Gott mit lauter Stimme. Er warf sich vor den Füßen Jesu zu Boden und dankte ihm. Dieser Mann war aus Samarien. Da sagte Jesus: Es sind doch alle zehn rein geworden. Wo sind die übrigen neun? Ist denn keiner umgekehrt, um Gott zu ehren, außer diesem Fremden?"

Es ist unschwer aus unserem Text ersichtlich, dass das Wunder dazu da war, Gott zu verherrlichen und ihm die Ehre zu geben. Und ist das Erlebnis des Prostata-Kranken nicht gerade ein solches Zeichen?

Der zweite Grund: Zeichen, Wunder und Heilungen sind dazu da, dass Menschen zu Gott, zum Glauben an unseren Gott kommen. Die Folge von Miras Heilung war, dass im darauf folgenden Heilungsgottesdienst elf Personen aus ihrem Bekanntenkreis den Heilungsgottesdienst besuchten, obwohl Mira selbst an dem Tag gar nicht kommen konnte. Etliche fanden zum Glauben an Gott. Gerade in unseren Heilungsgottesdiensten folgen zur Zeit im Durchschnitt etwa sechzehn Personen, die mit Gott in der Regel eher wenig gemein haben, dem Ruf, ihr Leben mit Gott zu verbinden. Dass dies das Hauptziel der Zeichen und Wunder ist, zeigt auch folgender Vers, der im Nachgang zu dem ersten Wunder Jesu steht, wo er Wasser in Wein verwandelte:

> „So tat Jesus sein erstes Zeichen, in Kana in Galiläa, und offenbarte seine Herrlichkeit, und seine Jünger glaubten an ihn. Diesen Anfang der Zeichen machte Jesus zu Kanaan in Galiläa und offenbarte seine Herrlichkeit und **seine Jünger glaubten an ihn.**" (Johannes 2, 11)

Der dritte Grund: Gott bestätigt sein Wort, über das er wacht, mit Zeichen und Wundern. In Markus 16 heißt es: „Der Herr bestätigte das Wort mit den mitfolgenden Zeichen". Die Zeichen und Wunder autorisieren also und unterstreichen das gepredigte Wort. Oftmals unterbreche ich meine Predigten, wenn ich spüre, dass Gott das, was ich sage, in seiner Autorität vor Hunderten von Menschen demonstrieren will. Ich hatte beispielsweise in einer Predigt gerade gesagt: „Wenn du Gott ernst nimmst, dann nimmt Gott dich auch ernst. Wenn du sein Wort ernst nimmst, nimmt sein Wort dich auch ernst." Ich streckte meine Bibel demonstrativ nach vorne und fragte in die Versammlung hinein: „Wer möchte das Wort Gottes ernst nehmen? Der berühre bitte meine Bibel." Einige Hände schnellten in die Höhe. Ich lud einige ein, zu mir nach vorne zu kommen und forderte sie auf: „Bitte berühre meine Bibel." Ich spürte, dass die Kraft Gottes für eine zeichenhafte Demonstration nun auf meiner Bibel lag. Die erste Person kam nach vorne, berührte die Bibel und kam förmlich unter den Kraftstrom Gottes und fiel zitternd zu Boden. Das Gleiche ereignete sich bei vier oder fünf weiteren Personen. Einer anderen warf ich meine Bibel zu, und sie fiel mit der Bibel in der Hand durch die Kraft Gottes zu Boden. Gott benutzte dieses Zeichen, um die Kraft, die in seinem Wort ist, vor meinen Zuhörern zu unterstreichen. Viele verstanden dadurch, dass wir das Wort Gottes ernst nehmen müssen.

Bei einer anderen Gelegenheit war ich eingeladen, bei einem rockigen Jugendevent zu sprechen, bei dem sechs Bands zugegen waren, die vor tausendzweihundert Jugendlichen ihr Bestes gaben. Das vornehmlich junge Publikum, das aus allen kirchlichen Lagern kam, dazwischen auch etliche Noch-Nicht-Christen, die einfach von den Konzerten erfuhren und sich dazugesellt hatten. Zu ihnen predigte ich über die manifeste Gegenwart Gottes, die wir wie Mose begehren und anstreben sollten.

Plötzlich hielt ich unter der Inspiration des Heiligen Geistes inne und sagte: „In Gottes manifester Gegenwart ist Kraft. Wer möchte Gottes Kraft hier und jetzt erleben?" Fast alle Hände gingen in diesem Moment hoch. Ich forderte einige Menschen auf, aufzustehen. Ich sagte: „Ihr drei dort drüben, steht auf. Und hebt eure Hände." Ich kannte die drei Männer nicht und stand auf einer anderthalb Meter hohen Bühne in sechs Metern Entfernung von ihnen.

Ich erklärte ihnen weiter: „Die Kraft Gottes kommt auf euch, wenn ich Gott bitte, seine Kraft zu demonstrieren." Ich betete: „Vater, ich bitte dich im Namen Jesu, strecke deine Hand aus und berühre die drei Herren jetzt." Sofort fielen alle drei Männer unter der Kraft Gottes zu Boden. Durch diese Kraftwirkung, die Gottes manifeste Gegenwart bewirkte, öffneten sich Menschen durch den ansteigenden Glaubenspegel für Gottes Heilung und etliche machten ihren ersten Schritt auf Gott zu.

Bei einer Frauenkonferenz, auf der ich predigte, gingen knapp zweihundert Frauen im gleichen Moment unter der Kraft Gottes zu Boden. Jede Frau spürte und wusste: Gottes heilige Gegenwart hat diesen Raum erfüllt. Viele knieten im Anschluss mit Tränen in den Augen vorn am Altar, um dem heiligen Gott ihr Leben neu zu weihen und anzuvertrauen.

Ein anderes Mal ließ mich Gott während einer Predigt auf zweifache Weise verdeutlichen, welche Kraft in seinem Namen lag. Ich erklärte, dass man ein überzeugter Christ sein kann und trotzdem ohne die Kraft, die in seinem Namen ist, leben kann. Sinngemäß fuhr ich fort: „Um den Namen Jesu zu gebrauchen, muss man das Recht haben, diesen Namen zu gebrauchen. Die Voraussetzung dafür ist ein verbindliches heiliges Leben in enger Jesusnachfolge. Meine Frau hat auch erst, als sie mich heiratete, meinen Namen bekommen. Dieser Name hat ihr wiederum das Recht verliehen, von meinem Konto Geld abzuheben."

In gleicher Weise wollte ich jetzt im Namen Jesu, der über allen Namen ist und vor dem sich jedes Knie beugen müsse, von unserem gemeinsamen Heilungskonto Heilungen für diesen Gottesdienst abrufen, abheben. Ich unterbrach meine Predigt, und holte eine Frau auf die Bühne, die eine skoliotische Verkrümmung der Wirbelsäule hatte. Wir erlebten eine Demonstration der Kraft, die in dem Namen Jesu liegt, denn die Frau wurde vor unseren Augen geheilt. Ich sagte zum Publikum: „Vor dem Namen Jesu wird sich jedes Knie beugen." Ich hielt meine Hand etwa zwanzig Zentimeter über den Kopf der Frau. In diesem Moment drückte sie Gottes Kraft in die Hocke und schickte sie in die Knie. Infolge der Kraftdemonstration folgten viele Menschen dem Aufruf, ihr Leben mit Jesus zu verbinden, der die Quelle dieser Kraft ist. Er ist heute immer noch derselbe wie damals.

Jesus ist heute immer noch derselbe wie damals.

Ein anderes Mal standen sechs Leute vor mir. Ich fragte sie, ob sie eine Berührung mit der Kraft des Auferstandenen wollten. Der Heilige Geist wies mich an, mit meinem Bein eine Bewegung nach rechts zu machen. Alle fielen schlagartig zu Boden, als seien ihnen die Füße in diese Richtung meiner Beinbewegung weggezogen worden. Ich weiß, dass die Demonstration der Kraft Gottes eine wichtige Sache ist, die Menschen die vorhandene Gegenwart und Salbung Gottes verdeutlicht. In der Bibel lesen wir über Stephanus, dass er viele Zeichen und Wunder getan hat. Die drei Hauptgründe und den Sinn und Zweck von Zeichen und Wundern habe ich ja bereits beschrieben.

Wenn wir über Heilung predigen, dann bestätigt der Herr das gepredigte Wort mit Heilungen, die dann dort im Raum auch geschehen. Wenn ich über den Heiligen Geist predige, erleben die Menschen seine Gegenwart und die Zeichen, die mit seiner Gegenwart einhergehen. Vor einiger Zeit fragte mich jemand: „Andreas, warum sieht man so wenig Kraftdemonstrationen und Zeichen und Wunder in unserem Land?" Ich glaube, dass wir die Antwort auf diese Frage in Markus 16 lesen, wo Jesus sagt:

> Dann sagte er zu ihnen: „Geht in die ganze Welt und verkündet die Gute Nachricht allen Menschen! Wer zum Glauben kommt und sich taufen lässt, wird gerettet. Wer nicht glaubt, den wird Gott verurteilen. **Die Glaubenden aber werden an folgenden Zeichen zu erkennen sein:** In meinem Namen werden sie böse Geister austreiben und in unbekannten Sprachen reden. Wenn sie Schlangen anfassen oder Gift trinken, wird ihnen das nicht schaden, und Kranke, denen sie die Hände auflegen, werden gesund." Nachdem Jesus, der Herr, ihnen dies gesagt hatte, wurde er in den Himmel aufgenommen und setzte sich an die rechte Seite Gottes. Die Jünger aber gingen und verkündeten überall die Gute Nachricht. <u>Der Herr half ihnen dabei und bekräftigte die Botschaft durch die Wunder, die er geschehen ließ.</u> (Vers 17-20)

Ich persönlich glaube nicht, dass Zeichen und Wunder nur denen folgen, die einfach nur glauben, dass Jesus ihr Retter ist. Zeichen, Wunder und Heilungen werden denen folgen, die glauben, dass Jesus ihr Retter ist, und die obendrein glauben, dass Zeichen und Wunder ihnen folgen werden, wie es oben im Text heißt. Lange Zeit war ich ein ungläubiger Gläubiger. Ich glaubte an Jesus, was ohnehin das Wichtigste am Glauben ist, aber ich glaubte nicht so richtig an

Zeichen, Wunder und Heilungen werden denen folgen, die glauben, dass Jesus ihr Retter ist, und die obendrein glauben, dass Zeichen und Wunder ihnen folgen werden.

den Rest dessen, was wir an Übernatürlichem in der Bibel vorfinden. Doch ich bin dankbar dafür, dass nichts so bleiben muss, wie es ist. Für mich reicht es inzwischen nicht mehr aus, alleine an Jesus den Retter zu glauben. Ich weiß, dass wir auch an die Wirksamkeit seiner Auferstehungskraft glauben müssen, und dass eben diese durch mich oder Sie, seinen Jünger, seine Jüngerin, zu denen fließt, die krank oder durch dunkle Mächte gebunden sind. Ich bin wirklich felsenfest davon überzeugt, dass sich im ganz buchstäblichen Sinne jedes Knie in der sichtbaren und unsichtbaren Welt vor der Macht seines Namens beugen muss, „... damit alle im Himmel, auf der Erde und unter der Erde ihre Knie beugen vor dem Namen Jesu." (Philipper 2,10)

Ohne verliehene Kraft keine Demonstration der Kraft

Bevor Petrus die Kraft, die ihm im gegenwärtigen Moment im Namen Jesu zur Verfügung stand, am gelähmten Mann an der schönen Tempelpforte demonstrierte, sagte er: „Silber und Gold habe ich nicht, aber was ich habe, das gebe ich dir."
Es ist unschwer zu erkennen, dass man Gottes Kraft nicht demonstrieren kann, wenn man sie nicht besitzt. Etwas vor hunderten oder tausenden von Menschen ohne die Kraft Gottes demonstrieren zu wollen, kann zu einer äußerst peinlichen Erfahrung werden. Zudem kann diese Negativerfahrung denjenigen, der im Übernatürlichen dienen darf, weit zurückwerfen und die gesamte Glaubensatmosphäre des Augenblicks zerstören. Da wir von Gott abhängig sind, können wir seine Kraft nicht so einfach wie einen Lichtschalter einschalten. Der Heilige Geist ist nicht unser Diener, sondern wir sind die Diener des Heiligen Geistes. Der Heilige Geist ist nicht mein Werkzeug, sondern ich bin sein Werkzeug. Aus diesem Grund kann ich seine Kraft nicht einfach wie eine Glühbirne aus- oder einschalten.
In Lukas 5, 17 lesen wir, dass Jesus in einem Haus war, das gefüllt war mit Pharisäern und Schriftgelehrten aus den verschiedensten Dörfern

um Galiläa. In einer solchen Atmosphäre, die von Religionstraditionalisten und Anti-Heilungsbefürwortern geprägt war, ist es normalerweise nahezu unmöglich Wunder zu vollbringen. In unserem Text lesen wir jedoch, „und des Herren Kraft war da." Inmitten einer glaubensarmen Situation war plötzlich die Kraft zum Heilen da.

Wie Jesus können wir uns im Übernatürlichen nur bewegen, wenn die Kraft Gottes zur Verfügung steht. Gleichzeitig bedeutet der Satz, dass es im Dienst Jesu auch Situationen gab, wo keine Kraft zum Heilen da war. Deshalb betont Jesus häufig, was ich den Vater tun sehe, das ist es, was ich tue. Es bleibt dabei, wir sind Gottes Werkzeuge, die

Wie Jesus können wir uns im Übernatürlichen nur bewegen, wenn die Kraft Gottes zur Verfügung steht.

sich an dem zu orientieren haben, was Gott für die jeweilige Stunde geplant hat. Die gute Nachricht aber ist, dass Gott uns alles, was er für die jeweilige Stunde geplant hat, zur Verfügung stellt, auch seine Kraft.

Durch die Heilungsgottesdienste hat sich mein Leben erheblich verändert. Ich weiß, dass ich ohne ihn keinen Schritt tun und nichts einen Millimeter im Raum des Übernatürlichen bewegen kann, wenn es um Heilung und Wunder geht. Ich kenne meine Ohnmacht im Heilungsdienst vermutlich wie kein einziger meiner Leser. Das hat damit zu tun, dass nicht er mein Werkzeug ist, sondern ich bin sein Werkzeug. Nicht Gott dient mir, sondern ich diene Gott. Aus diesem Grund ist meine Schwachheit seine Chance, durch mich oder irgendeine andere Person zu wirken. Nicht umsonst sagt Paulus, wenn ich schwach bin, bin ich stark. Ich weiß, wer meine Stärke bei all meinen Schwächen ist. Ich habe gelernt, dass ich alles tun kann, was Gott mir aufträgt, egal wie ich mich dabei fühle, ich muss noch nicht mal immer eine Pause machen, wenn ich mich schlecht oder schwach fühle. Es sind unsere Begrenztheit und Schwachheit, die Raum schaffen für Gottes Größe. Wenn wir dann in all unserer Begrenzung und Schwachheit Gott gehorsam weiter dienen, fällt seine Kraft auf uns, die wir für unseren Auftrag benötigen.

Ruhen im Geist

Da das Kraftphänomen, das wir „Ruhen im Geist" nennen, auf fast jeder Heilungsveranstaltung anzutreffen ist und es immer neue Scharen von Menschen gibt, für die es neu erscheint, empfinde ich die Notwendigkeit, gerade in diesem Buch darauf etwas näher einzugehen.

Wenn Sie den Finger in die Steckdose stecken, machen Sie eine dynamische Erfahrung mit einer unsichtbaren Kraft, die wir Elektrizität nennen. Eine ähnliche, jedoch positive Erfahrung machen wir auch dann, wenn wir in die Nähe der unsichtbaren manifesten Gegenwart Gottes kommen. Manchmal ist die Kraft Gottes, die auf die Menschen beim Beten kommt, so stark, dass sie sich nicht mehr auf ihren Beinen halten können. Das finden wir schon in der Bibel. Als der Verräter Judas mit einer Gruppe von Männern, die den Hohepriestern und Pharisäern dienten, sowie einigen Militärs mit Fackeln und Waffen kamen, um Jesus gefangen zu nehmen, wusste dieser genau, was da auf ihn zukam. Er fragte: „Wen sucht ihr?" Ihre Antwort lautete: „Jesus von Nazareth." Als er nun zu ihnen sagte: Ich bin's, wichen sie zurück und fielen zu Boden. Wir sehen also, dass in Jesu Dienst unmittelbar vor seiner Gefangennahme eine besondere Kraftdemonstration des Heiligen Geistes stattfand. Die Soldaten und die Diener der Pharisäer müssen kreuz und quer auf dem Boden verteilt gelegen haben.

Im Gabenkatalog von Paulus im 1. Korintherbrief 12, 10 und 12, 18 erwähnt er das geistgewirkte Phänomen der Wunderkräfte oder Kraftwirkungen. Hierbei handelt es sich um die Kraftwirkungen des Heiligen Geistes, die unterschiedliche Form und Auswirkung haben können und die der Heilige Geist genau wie andere Gaben verschiedenen Menschen zuteil werden lässt. Die Wirkungsweise dieser dynamischen göttlichen Energien hob Saulus aus dem Sattel, so dass er zu Boden fiel. Im 1. Könige 8, 11 lesen wir, dass, nachdem Salomo den Tempelbau beendet hatte und die Bundeslade ins Gebäude getragen wurde, Folgendes geschah: „Als dann die Priester aus dem Heiligtum traten, erfüllte die Wolke das Haus des Herrn. Sie konnten wegen der Wolke ihren Dienst nicht verrichten; denn die Herrlichkeit des Herrn erfüllte das Haus des Herrn."

In vielen Heilungsveranstaltungen erlebt man, dass Menschen diese Kraftwirkung erfahren, die sie in der Regel nach hinten drückt. Immer öfter erlebe ich, dass ganze Menschengruppen wie bei Jesus im Garten Gethsemane unter dieser Kraft zu Boden gehen, ohne dass ein Mensch sie berührt hat. Dieses Kraftphänomen, das man Ruhen im Geist nennt, ist exakt das, was im 1. Korinther 12 über die Kraftwirkung des Heiligen Geistes beschrieben wurde. Einige wunderbare Heilungen ereigneten sich, als Menschen unter der Kraft Gottes zu Boden gingen, zum Beispiel die folgende.

Andrea Förster berichtet

Seit vielen Jahren bin ich Allergikerin, und vor drei Jahren kam neben den anderen Symptomen wie Heuschnupfen und Augenjucken auch noch Asthma dazu. Ich bin darüber sehr erschrocken. Die Angst vor dem Anfall ist das Schlimmste, und man darf nie das Aerosol vergessen. Vor etwa zwei Jahren wollte ich im Heilungsgottesdienst für mich beten lassen, und Thomas Herrmann hat für mich gebetet. Ich fiel unter der Kraft des Heiligen Geistes zu Boden – und bekam einen Asthmaanfall. Aber es war der letzte, und seitdem bin ich davon geheilt. Auch den Heuschnupfen und das Augenjucken habe ich nur noch ganz selten, und wenn, dann auch nur ganz schwach.

Ich bin so froh, wieder durchatmen zu können!

Remo Lentes

Nach einer Erkältung 1996 hatte ich große gesundheitliche Probleme, da sich die Zusammensetzung der Gehirnflüssigkeit (Liquor) veränderte. Meine Schädelplatte vibrierte seither ständig. Ganz besonders bei dem kleinsten Wetterumschwung war dieses Vibrieren sehr stark, unangenehm und schmerzhaft.

Weil ich im CZW bin, habe ich viel für mich beten lassen, und es wurde auch Stück um Stück immer etwas besser. Auch auf der Heilungskonferenz im November 2000 suchte ich das Gebet. Als Andreas für mich betete, wurde ich sichtbar von Gottes Geist bewegt. Ich konnte Gottes Kraft körperlich fühlen. Das Problem mit dem Liquor wurde durch die Kraft und Salbung des Heiligen Geistes schlagartig viel, viel besser – und so ist es bis heute geblieben. Preis sei Gott!

Ruhen im Geist (Fortsetzung)

Diese Kraft Gottes erlebte auch eine Frau aus unserer Gemeinde. In einem Segnungsteil eines Heilungsgottesdienstes streckte ich meine Hand zu ihr aus, wobei sie drei Meter von mir entfernt stand. Sie fiel unter der Kraft des Heiligen Geistes zu Boden, weil der Heilige Geist sie anrührte. Was wir nicht wussten, war, dass sie fürchterliche Schmerzen in ihrer Hüfte und im linken Bein hatte. Als sie nach einigen Minuten wieder aufstand, rief sie voller Begeisterung und mit Tränen in den Augen: „Halleluja, ich bin geheilt." Sie hüpfte, bewegte und belastete ihr geheiltes Bein und erzählte, was sich ereignet hatte, als Gottes Kraft auf sie kam.

Ähnliche Ereignisse tragen sich immer wieder zu, wenn Menschen unter der Kraft Gottes zu Boden gehen. Nicht selten kommt es vor, dass Menschen, die unter der Kraft Gottes auf dem Teppichboden liegen, anfangen zu husten. Dunkle Kräfte, die diese Menschen auf die eine oder andere Art belastet haben, verlassen auf diese Weise den Körper.

Wieder andere genießen ganz einfach die Gegenwart Gottes auf dem Boden. Unserer Beobachtung nach fallen in der Regel nicht alle unter der Kraft des Heiligen Geistes zu Boden. Vermutlich hat dies etwas mit der Persönlichkeitsstruktur und Individualität des Einzelnen zu tun. Manchmal gehen jedoch, wenn die Kraft Gottes mächtig den Raum erfüllt, alle Menschen zu Boden. Nicht alle, die unter der Kraft zu Boden fallen, sind deswegen unweigerlich geheilt.

Aber wichtig ist noch zu erwähnen, dass keine Dinge geschehen, die uns verletzen oder unnötig verängstigen. Denn Gott ist ein Gott der Liebe.

Krafterfahrungen sowie Zeichen und Wunder passen meist, wenn wir sie zum ersten Mal erleben, weder in unsere Erfahrung, unsere Theologie noch unser Denkraster. In dieser Situation machen wir die Erfahrung, dass Gott ein Grenzen sprengender Gott ist. Eine analytisch denkende Person wird sich im Wesentlichen zwei Fragen bei diesem Phänomen stellen: Fallen die Menschen wegen der Kraft Gottes zu Boden oder fallen sie wegen ihrer inneren Erwartung?

Grundsätzlich werden wir beim Gebet für Menschen beides antreffen, wenn jedoch keine Salbung für die göttliche Kraftwirkung vorhanden ist, wird kein einziger Mensch die beschriebenen physischen Reaktionen aufweisen. In einer solchen Situation abzuleiten, Gott sei in ihr nicht gegenwärtig und er könne nicht ohne eine Atmosphäre, in der Kraftwirkungen sichtbar werden, heilen, wäre ein fataler Fehler. Auch hier können wir Gott nicht in unsere Vorstellungen hineinpressen. Grundsätzlich habe ich beobachtet, dass Menschen, die sich offenherzig und erwartungsvoll Gott hingaben, auch diejenigen waren, die am meisten von seiner Gegenwart berührt wurden.

Solche Personen genießen die Gegenwart Gottes und analysieren sie nicht, denn ihre intime Gottesbeziehung hat mehr mit Romanze als mit Analyse zu tun. Das Entscheidende für sie ist eine Herz-zu-Herz-Beziehung zu Gott, die auch dazu führt, dass Gott sie emotional physisch mit seiner liebenden Gegenwart berührt. Das Erleben von Gottes Gegenwart, ob beim Umfallen oder beim Stehen, stärkt ihren Glauben ungemein. Menschen werden von Gott oftmals gemäß ihrem inneren Hunger nach mehr von ihm berührt. Da der Körper ein Tempel des Heiligen Geistes ist, hat der Heilige Geist auch eine Affinität zu unseren emotionalen und körperlichen Anteilen. Beim Ruhen im Geist geht es weniger um eine dramatische Fruchtbildung als vielmehr um eine positive Innenerfahrung, dass Gott immer bei mir ist. Diese persönliche Berührung von Gott sollte uns neuen Appetit nach ihm selbst schenken und uns dahingehend stimulieren. Eine Person, die nicht umfällt, kann den gleichen Segen erfahren wie eine Person, die starke körperliche Manifestationen in der Gegenwart Gottes aufweist. Grundsätzlich empfangen wir im Glauben, ob wir umfallen oder eben stehen bleiben. Das kann auch der folgende Bericht zeigen:

Celina Barba-Wenz erzählt

Vor etwa zwei Jahren bin ich wegen Magenproblemen zum Hausarzt gegangen, der bei der Untersuchung überraschend feststellte, dass die Gebärmutter sehr groß war. Er hat mich sofort an den Frauenarzt überwiesen. Dieser fand ein ziemlich großes Myom und wollte nur noch drei Monate warten, um es dann zu operieren. Ein Schock, weil ich mich bis dahin nur auf Magenprobleme eingestellt hatte.

Jeder kann sich wohl vorstellen, dass es nicht unbedingt ein gutes Gefühl ist, ein Organ zu verlieren. Noch dazu ein typisch weibliches, mit dem wir Frauen Kinder gebären können und mit dem wir den Ursprung neuen Lebens verbinden. Und eben dieses Organ sollte jetzt einfach so „weggemacht" werden! Um ehrlich zu sein – ich hatte ziemlich Angst vor der Operation. Und vor eventuellen Komplexen, dass ich nach der Operation vielleicht keine „ganze" Frau mehr sein könnte. Mir war wirklich mulmig. Aber die Frauen, mit denen ich mich unterhielt und die es hinter sich hatten, erzählten ganz positiv davon und fühlten sich jetzt richtig gut. Überzeugen konnten sie mich trotzdem nicht so recht. Meine Angst wuchs.

Bei einem Heilungsgottesdienst bin ich dann mit dieser Sorge nach vorne gegangen, um für mich beten zu lassen. Ich habe dabei deutlich gespürt, dass Gott an mir wirkt. Ich bin nicht umgefallen oder so, aber ich merkte, dass Gott mir nahe war. Weil ich das Gefühl hatte, dass etwas passiert ist, habe ich daraufhin meinen Arzt aufgesucht, um meine Heilung bestätigen zu lassen. Dieser sagte auch prompt, dass alles in Ordnung wäre, dass sich das Myom verkleinert hätte. Erklären konnte er sich diese Schrumpfung aber nicht... Sicherheitshalber wollte er weitere drei Monate warten und das Myom beobachten. Während dieser Monate ist meine Gebärmutter vollkommen ausgeheilt, so dass nichts Unnormales mehr feststellbar war. Ich bin Gott so dankbar für diese Heilung! Obwohl es jetzt fast zwei Jahre her ist, ist meine Erleichterung, vor einer schweren Operation bewahrt worden zu sein, noch immer sehr real. Auch mein Herz hat sich in der Beziehung zu Gott seitdem innerlich verändert. Er ist wirklich gut!

Wunder gibt es immer wieder

Inmitten einer gehetzten Welt voller Auspuffgase, Beton, neurotisierter sorgenvoller Menschen erleben wir, wie doch ständig göttliche Wunder geschehen:

Das Wunder, dass ich jeden Morgen um fünf Uhr früh dutzende Vögel im Baum vor unserem Haus als ein Gott anbetendes Vogelgezwitscher mit meinen eigenen Ohren hören kann.

Das Wunder, dass in jeder Knospe, gerade jetzt im Frühling, während ich diese Zeilen diktiere, eine Blüte steckt und in jeder Blüte eine Frucht.

Das Wunder, dass in einem kleinen Traubenkern eine Rebe steckt und in der Rebe ein ganzer Weinberg.

Das Wunder, dass aus einer befruchteten Eizelle ein Baby heranreift, das geboren wird und später selbständig denkt und handelt.

Auch das Wunder körperlicher Heilung ist Ausdruck von Gottes kreativer allmächtiger Schöpferkraft. Als Finsternis auf der Erde war, sprach er: „Es werde Licht!", und plötzlich gab es Licht (1. Mose, Kapitel 1 bis 3). Gott spricht ja bekanntlich zu dem, was nicht ist, dass es sei. Dies geschah auch, als er Dinge in das Leben von Abraham sprach, die noch nicht existierten.

> „Ich habe dich zum Vater vieler Völker bestimmt, er ist unser aller Vater vor Gott, dem er geglaubt hat, dem Gott, der die Toten lebendig macht und das, was nicht ist, ins Dasein ruft." (Römer 4, 17)

Jesus sprach Dinge in Existenz, und taube Ohren, blinde Augen öffneten sich, verkrüppelte Hände streckten sich, skoliotisch verbogene Rücken wurden grade, fieberkranke Personen wurden schlagartig gesund, ... diese Liste lässt sich beliebig fortsetzen.

Das Wort der Erkenntnis in Verbindung mit schöpferischen Wundern ist häufig zu erleben.

Ein Busfahrer kam auf Krücken in den Gottesdienst gehumpelt – seit zwei Monaten war er schon krankgeschrieben. Jeder Kanaldeckel, den er mit dem Linienbus überfuhr, erzeugte enorme Schmerzen. Gott heilte ihn sofort, als er glaubensvoll nach vorne kam und Gebet empfing. Er rief: „Ich bin geheilt!"

Aber lesen Sie auch noch einige Berichte im Originalton, die uns nach den Heilungsgottesdiensten erreichten.

Theodor Reichenbachers Erlebnis

„Mami, Mami, Papa ist schon wieder aus dem Rollstuhl gerutscht!" rief der sechsjährige Lance seiner Mutter zu. Magda seufzte – Theodor schwieg – er konnte sowieso nichts tun. Hilflos lag er am Boden.

Es war eine Herzembolie und ein Thrombus gewesen, der Theodor Reichenbacher (35) vor sieben Jahren an den Rollstuhl gefesselt hatten. Das Blutgerinnsel im Hirn hatte dafür gesorgt, dass seine ganze linke Seite, Arm und Bein, völlig taub und bewegungsunfähig war. Weil er kein Gefühl in seinen Gliedmaßen hatte, kam es häufig, viel zu häufig, vor, dass Theodor die Kontrolle über seinen Körper verlor und aus dem Rollstuhl rutschte. Dann musste man die Ambulanz rufen, denn aufgrund von Theodors Gewicht war Magda nicht in der Lage, ihren Mann wieder in den Rollstuhl zurück zu wuchten. Jedes Mal war das entwürdigend für Theodor, frustrierend für Magda, und bestürzend für ihre beiden Kinder. Sein jüngerer, sechsjähriger Sohn Lance hatte seinen Vater nie laufen sehen.

Die Reichenbachers haben die schwierige Situation gemeistert, so gut es ging: in der Wohnung wurden einige Dinge verändert, so dass man dort mit dem Rollstuhl leben konnte. Seinen Beruf konnte Theodor aufgrund der Behinderung nicht mehr ausüben. Er sagt selbst über Magda: „Meine Frau hat mich wunderbar unterstützt; wenn Magda nicht wäre, wüsste ich nicht, wo ich wäre." Er selbst hat für Kranke um Heilung gebetet – auch mit Erfolg. Nur bei ihm selber, da schien sich nichts zu tun.

Weil er außerdem einen Dienstbereich in seiner Gemeinde leitet, begleitete er im September 2000 seinen Pastor zu einer Tagung befreundeter Gemeinden. Dort wurde im Rahmen einer Heilungsveranstaltung mit Andreas eines Nachmittags auch für Kranke gebetet. Menschen in Rollstühlen sieht man an, dass sie Heilung brauchen – Theodor rollerte nach vorne. Als er an die Reihe kam, fragte Andreas, wofür er beten sollte. Theodor nannte seine Bewegungsunfähigkeit und Gefühllosigkeit in der linken Körperhälfte.

Andreas fing an, für ihn zu beten. „Herr, heile Theodor, gib ihm das Gefühl wieder zurück in seinen Arm und sein Bein ..." Nach einer Weile hatte man deutlich den Eindruck, dass Gott am Wirken war. Andreas forderte ihn heraus: „Hebe deinen Arm!" Die Spannung im Raum war unermesslich – was, wenn sich nichts tat? Theodor schaute Andreas in die Augen. Und langsam hob er seinen Arm, bis er oben war – das hatte er seit sieben Jahren nicht mehr getan. Die Umstehenden, die es mitbekamen, brachen in Jubel aus! Gott hatte ein Wunder getan!

Andreas überlegte kurz: War das schon alles? War das genug? Sollte man jetzt für einen anderen beten und weitergehen? Schließlich hatte Gott schon ein Wunder getan! Doch er entschloss sich schnell, weiter zu beten, nicht nachzulassen.

Also fragte Andreas: „Kannst du was tun, was du vorher nicht konntest?" Aus Theodor brach es heraus: „Ich kann mein Bein wieder fühlen!" Andreas schaute dem immer noch verwunderten Theodor in die Augen: „Siehst du den Glauben in meinen Augen?", fragte er. „Ja", antwortete Theodor. Einige Beter halfen mit, Theodor aus dem Rollstuhl zu stemmen. Andreas stellte sich vor den Rollstuhl, zog Theodor hoch und schob den Rollstuhl nach hinten weg. Während Andreas und andere ständig weiter beteten, lockerte Andreas den Griff um Theodor immer mehr und immer mehr, bis dieser frei im Raum stand. Wieder: Staunen und Jubel.

Doch auch das war nicht genug. Die Augen immer noch fest auf Theodors Augen gerichtet, forderte Andreas Theodor heraus: „So, und jetzt laufe, im Namen Jesu!" Theodor stand vor Andreas, Andreas machte einen Schritt zurück. Zögerlich hob Theodor das linke Bein, das seit sieben Jahren kein Gefühl mehr hatte – auf dem anderen, dem rechten Bein würde er stehen können, dass wusste er – und er konnte sein linkes Bein heben! Der erste Schritt war gemacht! Nun war der Jubel unbeschreiblich – was für ein Gott war das, der hier heute noch Wunder tut?

Und Theodor lief mit Andreas – erst langsamer, dann etwas schneller durch die Halle. Schließlich waren alle Zweifel besiegt: Theodor konnte wieder laufen!

Aber anstrengend war es – schließlich war Theodor nicht gerade ein Fliegengewicht, sondern ziemlich gut gebaut. Die drei kehrten zu dem Rollstuhl zurück, und Theodor ließ sich überglücklich hineinfallen. Er hatte wieder volles Gefühl in seinem linken Arm und in seinem linken Bein. Er konnte beides wieder so bewegen, wie er wollte.

Magda strahlte ihn an. Der neunjährige Larry und der sechsjährige Lance konnten es nicht fassen: Papa läuft! Und so war zu Hause kein Raum, sich von Zweifeln einholen zu lassen und sitzen zu bleiben – die beiden Söhne redeten gleichzeitig: „Papa, brauchst Du dann den Rollstuhl nicht mehr?" – „Papa, gehst Du dann mal mit mir . . .?"

Nach dem Triumph kam der schwere Teil für Theodor: Buchstäblich Schritt um Schritt wieder laufen zu lernen. Er muss seine Muskeln kräftigen und auch sein Gewicht reduzieren.

Grazyna Drewicz erzählt

Seit längerer Zeit habe ich Brustknoten gehabt. In der letzten Zeit habe ich auch Brustschmerzen gehabt.

Während der Pastorenkonferenz in Berlin habe ich als Bibelschülerin mitgeholfen.

An einem der Tage wurde ein Heilungsgottesdienst durchgeführt. Der Prediger Andreas Herrmann sagte, dass sich im Raum eine Frau befindet, die einen Knoten in der Brust hat und Jesus sie jetzt heilt.

Ich wusste, dass es um mich geht, und ich habe die Heilung empfangen. Ich bin in die Toilette gegangen um zu prüfen, ob die Knoten weg sind, und es war auch so, die Knoten waren weg und die Schmerzen waren auch weg. Alle Ehre für die Heilung von Brustknoten und Brustschmerzen sei dem Herrn. Danke, Jesus.

Linda Schneider-Krams erzählt

Sie erlebte gleich mehrere Heilungen auf einer Heilungskonferenz. Doch lassen wir sie selbst zu Wort kommen:

Ich bin Krankenschwester und war lange Zeit in Asien unterwegs. Dort habe ich aus der Not heraus selber das Beten für Kranke entdeckt, und Gott hat viel getan. So wurde zum Beispiel einmal eine Krebsoperation unnötig.

Aber jetzt habe ich auch selber viel Heilung erlebt. Bei mir waren im Frühjahr 2000 zwei Myome festgestellt worden, die starke Blutungen verursacht haben. Nach einem Gebet im Heilungsgottesdienst des CZW sind die Blutungen bis heute normal geblieben.

Ja, und dann kam die Heilungskonferenz im November 2000. Da hat Gott im großen Stile geheilt!

Außerdem hatte ich an der Brust Zysten aufgrund einer fibriotischen Veränderung. Da hatte der Andreas ein Wort der Erkenntnis, dass Gott bei einer Frau Knoten in der Brust heilt. Das bin ich gewesen, denn die sind auch verschwunden und nicht mehr tastbar.

Ach ja, und auf der Schilddrüse hatte ich Druck, so dass ich nur schwer schlucken konnte, das ist jetzt auch weg.

Und seit dem Alter von zwölf Jahren hatte ich einen Miniskusschaden, das Knie war kaputt, und seitdem dafür gebetet wurde, geht das auch wieder gut.

Und jetzt, kürzlich erst, habe ich eine andere Heilung erlebt. Vor sechseinhalb Jahren stellte ich fest, dass ich mich kaum bücken konnte, ohne Schmerzen im Rücken zu bekommen, genauer im Lendenwirbelsäulenbereich. Bestimmte Tätigkeiten, die zum Beispiel wie das Fußbodenputzen ein längeres Beugen der Wirbelsäule erforderten, konnte ich nicht mehr durchführen. Teilweise dauerte es zwei bis drei Minuten, bis ich mich unter Schmerzen wieder aus der Beugestellung aufrichten konnte. In dieser Zeit testete ich die verschiedensten Putzsysteme, um möglichst ohne Bücken meine Hausarbeit zu verrichten. Nach einem Gebet in einem Heilungsgottesdienst speziell für Rückengeschädigte war das Bücken erstens möglich und zweitens schmerzfrei.

Man sagt ja immer, dass man als Christ ein neuer Mensch wird – aber ich bin jetzt als Christ noch mal ein ganz neuer Mensch geworden, quasi runderneuert, weil Gott mich innerlich und äußerlich geheilt hat. Und deswegen komme ich immer mit so vielen Leuten wie möglich zu den Heilungsgottesdiensten. Auch viele meiner Freunde wurden geheilt, aber das schreibe ich jetzt mal nicht alles auf.

Maria Haack berichtet

Schwerhörigkeit isoliert den Menschen – man kann nicht mehr mitreden, im wahrsten Sinne des Wortes. Man hört Autos nicht mehr kommen, man merkt nicht, wie laut der Fernseher ist. Weil man nicht versteht, was gesagt wird, möchte man gerne nachfragen, aber es ist oft zu peinlich. Ich muss es wissen, denn ich war schwerhörig.

Hörgeräte sind eine tolle Erfindung – kleiner als eine Streichholzschachtel, im Ohr oder außen tragbar, und plötzlich kann man wieder hören. Bei mir stellte der Arzt vor zwei Jahren „eine an Taubheit grenzende Schwerhörigkeit rechts und eine hochgradige Innenohrschwerhörigkeit links" fest – so jedenfalls steht es im Attest. Und deswegen hatte ich seitdem ein Hörgerät. Aber die kleinen Dinger haben auch ihre Tücken – mein Hörgerät ging eines Freitags plötzlich kaputt. Das war besonders ärgerlich, weil ich an dem Wochenende eigentlich eine Konferenz im CZW besuchen wollte. Aber weil ich schon mal jemanden organisiert hatte, der mich fahren konnte, war ich dann am Freitagabend doch da.

Ich setzte mich extra ganz weit vorne hin, weil man da besser hört und außerdem auch noch so einiges von den Lippen lesen kann. Und trotzdem war es frustrierend. Ich verstand am ganzen Abend kaum fünf Worte. Dennoch kam ich am Samstagmorgen wieder. Ich versuchte, mit der Übersetzerin zu reden, dass sie lauter sprechen soll, aber die hat mich nur zum Techniker geschickt, und der hat gesagt, dass er nichts machen kann.

An diesem Samstag fing die Konferenz mit einer ausgedehnten Lobpreiszeit an – es war, als könnte man Gott wirklich spüren, so nah und so real war er. Irgendwann hatte Andreas den Eindruck, dass Gott heilen wollte – und zwar ausgerechnet Leute mit Ohrproblemen. Derjenige, der mich mitgebracht hatte, sagte mir das so, dass ich es verstehen konnte. So schnell ich konnte, ging ich vor. Und bekam Gebet. Das Wunder geschah – beim anschließenden (laienhaften) Hörtest war ich in der Lage, eine normale Sprechstimme zu verstehen, ohne das Mundbild sehen zu können. Vorher war das wirklich unmöglich gewesen. Aber Gott hatte mir einfach das Gehör wiedergegeben.

Da so ein laienhafter Hörtest nicht der beste Beweis ist, ging ich in der folgenden Woche zum Hals-Nasen-Ohren-Arzt. Ich hatte zu allem Überfluss auch eine eiternde Geschwulst im Ohr, die operativ entfernt werden sollte. Der Arzt stellte zu seinem großen Erstaunen fest, dass ich unglaublich viel besser hörte – 80 Prozent der Hörfähigkeit waren wieder da. Da habe ich ihm frei heraus erzählt, dass das nach einem Heilungsgebet geschehen war, und dass Gott mich so weit wieder hergestellt hatte. Der Arzt schlug daraufhin von sich aus vor, den Operationstermin für die Geschwulst im Ohr noch einmal so zu verschieben, damit ich vorher zum nächsten Heilungsgottesdienst gehen konnte.

Dort erzählte ich am Sonntagabend, wie ich plötzlich wieder besser hörte. Und dass manchmal die Hörfähigkeit wieder schwand, ich aber an meiner Heilung festhielt. Und dann habe ich allen dort einfach gesagt: „Ich glaube, unser Gott macht keine halben Sachen! Lasst uns für den Rest meiner Hörfähigkeit beten und dafür, dass die Geschwulst verschwindet und ich die Operation nicht brauche!" Gesagt, getan. Die Geschwulst in meinem Ohr hat dann auch aufgehört zu eitern, aber sie ist da geblieben. Der Arzt hat mir dann zu der Operation doch geraten. Ich war richtig motzig mit Gott. Wenn er schon meine Ohren heilt, warum dann nicht ganz? Schließlich hatte ich oft genug erfahren, dass Gott keine halben Sachen macht.

Als ich dann im Krankenhaus war, ergab sich nach der Operation ein Gespräch mit meiner Zimmernachbarin. Sie hat dann ihr Leben Jesus übergeben. Als ich entlassen wurde, habe ich ihr versprochen, am nächsten Tag noch mal wieder bei ihr vorbei zu kommen. Da war sie in der Nacht gestorben. Ich bin richtig erschrocken in dem Moment, und habe mich natürlich bei Gott entschuldigt. Denn jetzt wusste ich, warum ich ins Krankenhaus musste. Gott weiß, was er tut.

Meine Heilung von der Schwerhörigkeit ist jetzt mehr als ein Jahr her. Und ich kann immer noch gut ohne Hörgeräte hören, ich trage sie schon lange nicht mehr. Das ist ein Wunder, und Gott hat es getan.

Gail Hill erzählt

Gail Hill berichtet, was sich auf einer Heilungskonferenz im März 2001 in ihrer Gemeinde ereignete:

Mein Fuß war deformiert, so dass der kleine Zeh über dem Fußballen stand. Das sollte operiert werden, indem man mir den kleinen Zeh amputierte. Aber Gott ist gut, der hat einfach meinen kleinen Zeh so hinbewegt, dass er jetzt genau hinpasst! Ich danke Gott für mein Wunder!

Gottes Laserpower

Jeder Augenarzt, der mit entsprechenden Gerätschaften ausgestattet ist, kann Ihnen ein Lasergerät zeigen, mit dem man kleine Löcher im Auge verschließen und zuschweißen kann. Das alles hat nichts mit Magie zu tun. Die Heilung geschieht durch die geführte, erfahrene Hand des Arztes, und die Kraft (oder Energie), die das Loch im Auge verschließt, kommt aus dem Laser. Trotzdem hat der Arzt diese heilende Energie gesteuert, die nicht die seine ist.

Ähnliches passiert mir, wenn ich mit der Kraft zu heilen, der Salbung erfüllt bin und meine Hand in einem kurzen Abstand vor die kranke Körperstelle halte. Ich bewege zuweilen meine Hand in drei Zentimeter Abstand zu einer skoliotischen Wirbelsäule mit leichter Linkskurve im Brustbereich und schiebe des öfteren vor der S-Kurve in die Richtung, wo die Wirbelsäule sich befinden sollte. Der Kranke spürt eine Kraft im Rücken, macht in der Regel entsprechende, zuckende Bewegungen, die meiner Handbewegung folgen, die er aber gar nicht sehen kann, weil ich hinter seinem Rücken stehend meine Hand bewege. Und wenn ein Arzt danebensteht und feststellt, die Wirbel zum Beispiel im Brustbereich seien jetzt schon zaghaft nach rechts gerückt, dann sagt die Person meist irgendwann: „Autsch, meine rechte Hüfte tut weh!"

Dieses Phänomen habe ich nun mehrfach erlebt. Ärzte haben mir inzwischen erklärt, dass vom Brustwirbelbereich Nervenbahnen zur Hüfte verlaufen. Wenn der Schmerz in der Hüfte sitzt, halte ich meine Hand nun ein paar Sekunden vor die Hüfte. Die Person sagt dann nach kurzem: „Der Schmerz ist verschwunden." Ich nehme dann wieder meine Arbeit im Rückenbereich auf, bis die leichte S-Kurve verschwunden ist.

Die Kraft, die aus meiner ausgestreckten Hand fließt, ist nicht meine Kraft, sondern Gottes Kraft oder „Laserpower", die er der Hand eines Menschen anvertraut hat. Häufig ist die Rückenpartie gerötet und die Haut weist rote Flecken auf, obwohl meine Hand kein einziges Mal dort auflag.

Als ich beispielsweise für die Augen der kleinen Abigail betete, streckte ich den Mittelfinger meiner linken Hand vor das dicke Glas ihres rechten Auges und meinen linken Zeigefinger vor das Glas ihres rechten Auges. Die Kraft strömte aus meinen beiden Fingern eine Zeit lang in ihre geschlossenen Augen, die zu zucken begannen. Als ich sagte: „Öffne die Augen", konnte sie durch die dicken Brillengläser nicht mehr sehen. Sie setzte die Brille ab und sagte: „Mama, ich kann sehen ohne Brille."

Die Vorgehensweise hatte ich noch nie zuvor in einem anderen Heilungsdienst gesehen. Der Heilige Geist leitete mich, einige merkwürdig erscheinende Bewegungen zu machen, doch diese zeigten Wirkung. Mein Glaube wuchs, dass Gott durch diese Vorgehensweise seine Kraft durch meine Finger wie einen Laser in die betreffende Körperpartie fließen lässt. Warum mich Gott auch auf diese Weise benutzt, weiß ich nicht. Ich weiß nur, es funktioniert, wenn seine Salbung (Kraft) in mir ist und durch mich fließt.

Annette Scheuring berichtet

Seit meinem zehnten Lebensjahr habe ich Schwierigkeiten mit dem Rücken, und der Arzt hat irgendwann eine Skoliose diagnostiziert. Er hat mir auch gleich gesagt, dass ich mit den Schmerzen immer wieder zu rechnen habe.

Manchmal hatte ich nachts wegen der Schmerzen nicht schlafen können, egal wie ich mich drehte und wendete. An einem ganz normalen Abendgottesdienst hat Andreas dann den Eindruck gehabt, für Rückenkranke zu beten. An mich habe ich da gar nicht gedacht, weil ich bisher den Glauben nicht hatte, und dies, obwohl schon mehrfach Heilungsgottesdienste waren. Aber an dem Abend kamen dann auch ein oder zwei Frauen dran, und Andreas hat für sie gebetet.

Als ich dann sah, wie ohne eine Berührung von Andreas die Wirbelsäulen in die richtige Position gekommen sind, da habe ich Glauben bekommen, dass Gott das auch bei mir tun kann. Ich bin dann auch nach vorne gegangen, um dort Gebet zu bekommen. Andreas hat für mich gebetet – ebenfalls ohne mich zu berühren. Ich habe währenddessen gemerkt, dass es warm wurde und wie da etwas an und in meinem Rücken arbeitete.

Am nächsten Tag war ich dann beim Orthopäden, der mir sagte, dass mein Rücken in Ordnung sei, dass ich nur noch ins Hohlkreuz gehen würde und dass das mit Krankengymnastik zu beheben ist. Das mache ich auch, und für die Heilung bin ich Gott total dankbar.

Anmerkung: Wenn jemand es so macht wie Annette, und nach dem Heilungsgottesdienst auch noch einmal zum Arzt geht, um die Heilung untersuchen zu lassen, dann freut uns das besonders.

Lori Hampton erzählt

Als Jugendliche habe ich mir bei einem Unfall das Kreuz gebrochen, wie man so sagt. Das klingt schlimm, aber bei mir waren nur zwei Brustwirbel angebrochen. Weil man da nichts machen konnte mit Gips oder so, sind die beiden Wirbelknochen miteinander verwachsen. Sie bildeten dann quasi einen einzigen Knochen in meinem Rücken, der rausstand. Die darin eingeklemmten Nerven schmerzten, und ich konnte mich nicht richtig bewegen.

Als Andreas in unsere Gemeinde kam und Heilungsgottesdienste abhielt, hätte ich nie gedacht, dass Gott mich heilen würde. An einem Abend rief Andreas Leute mit Rückenproblemen auf, nach vorne zu kommen, um Gebet zu empfangen. Ich ging vor, und irgendwann war ich auch an der Reihe.

Andreas hat sich dann hinter mich gestellt, und für mich gebetet. Ich habe sehr stark die Gegenwart Gottes gespürt. Mir wurde sehr warm, und Gott war mir nah. Ich konnte nicht sehen, was Andreas da gemacht hat, aber er hat die Hände hinter meinem Rücken bewegt. Und es fühlte sich so an, als würde etwas warm schmelzen.

Ich habe einfach nur Gott genossen in dem Gebet und gar nicht so sehr an meinen Rücken gedacht, aber die Leute um uns herum waren plötzlich sehr aufgeregt. „Lori, das ist Wahnsinn, der Knubbel auf deinem Rücken verschwindet, und man kann das richtig sehen, wie der weggeht."

Und sie hatten Recht – die Wucherung ist weg. Ich habe keine Schmerzen mehr und kann mich völlig frei bewegen. Wie Gott das gemacht hat, ist mir ein Rätsel – aber ich bin ihm so dankbar!

Terry Rutherford erzählt

Als ich siebzehn war, habe ich mich am Auge verletzt. Seit 1975 hatte ich daher immer einen trüben Fleck auf der Linse, der immer mitten im Blickfeld meines linken Auges war. Der verschwommene Fleck ist etwa so groß wie eine Streichholzschachtel gewesen.

Als Andreas für mich betete, streckte er betend seine Hand in drei Zentimeter Abstand vor mein linkes Auge. Es fühlte sich so an, als ob ich eine warme Träne in meinem linken Auge hätte, nur war da eben kein Wasser. Aber da war auch kein verschwommener Fleck mehr in meinem Blickfeld. Preis dem Herrn!

Tim Roberson berichtet

Aufgrund eines angeborenen Sehfehlers in meinem rechten Auge konnte ich nur sehr schlecht sehen. Dieser Sehfehler war so stark, dass ich einen Grad der Behinderung zuerkannt bekam, der mich einem Blinden gleich stellte. Um es vereinfacht darzustellen: Ich konnte mit diesem Auge nichts wahrnehmen, was weiter weg war als zwanzig Zentimeter.

Als Christ glaubte ich schon daran, dass Gott mich heilen kann. Seit mehr als fünf Jahren betete ich auch konkret darum, dass Gott genau das tut: Mich heilen. Als Andreas im März in meine Heimatgemeinde kam, habe ich die Gelegenheit genutzt und er betete auch für mich. Während des Gottesdienstes streckte Andreas seine Hand in meine Richtung aus, ohne mich zu berühren. Aber es war wie eine Laseroperation. Es wurde sehr heiß, und es tat auch ziemlich weh. Jedes Mal, wenn ich meine Augen schloss, sah ich ein helles Licht. Als Andreas mit Beten fertig war, wurden meine Augen immer besser, und sie werden auch jetzt noch ständig besser.

Ich habe gleich gemerkt, dass ich besser sehen kann. Der Augenarzt hat es überprüft, und ich kann jetzt nachweislich zwei Meter weit scharf sehen – das bedeutet viel! Ich kann Menschen nicht mehr nur an der Stimme erkennen, sondern auch an ihrem Aussehen. Meine Augen sind noch nicht völlig in Ordnung, aber ich weiß, dass Gott da schon ganz schön viel getan hat. Den Rest kriegen wir auch noch. Zum Beispiel war ich neulich Golf spielen, und da den Ball endlich sehen zu können, das war ein ordentlicher Gewinn an Lebensqualität für mich!

Heilung bei Kindern – was Abigail Collette erlebte

Als einziges Kind in ihrer Klasse trug sie eine Brille. Und Abigail musste sie ständig tragen. Aber das war noch nicht mal das Schlimmste – ihre Eltern haben die starke Weitsichtigkeit der Tochter erst bemerkt, als sie eingeschult wurde. Vorher hatten sie sich nur gesorgt, warum sich das Kind so schlecht zu konzentrieren schien.

Brillen sind immer eine Behinderung, auch wenn sie fast jeder trägt. Besonders Kinder leiden darunter, denn andere Kinder machen sich darüber lustig. Wer eine Brille trägt, muss sich bei den Mannschaftssportarten immer zurückhalten, und das zeigt dann die Sportnote. Im Winter, wenn man von der Kälte ins Warme kommt, ist man minutenlang blind.

Die achtjährige Abigail aus Southampton in England kannte all das nur zu gut. Als sie also davon hörte, dass in ihrer Gemeinde ein Heilungsgottesdienst stattfinden sollte, betete sie für ihre Augen, als die ganze Familie im Auto zum Gottesdienst fuhr. Da der Heilungsgottesdienst im Wesentlichen für Erwachsene gedacht war und Abigail außerdem noch in der Kinderkirche zu tun hatte, stellte sie sich erst lange nach dem Gottesdienstende in die Schlange jener, die noch Gebet für sich wollten.

Es war schon Mittagessenszeit, und nach und nach verließen alle Leute den Saal. Ihre Familie (samt drei kleineren Geschwistern) wollte nach Hause, und Abigail war das nur zu klar. Als man die Hauptbeleuchtung im Saal abschaltete, stand sie immer noch geduldig da und wartete.

Schließlich und endlich betete Andreas auch für Abigail. Und dann konnte sie plötzlich durch ihre Brille nicht mehr sehen, aber sehr gut ohne sie! Abigail freute sich total! Sie ging zu ihren Eltern und sagte ihnen: „Gott hat mich geheilt! Ich kann jetzt ohne Brille sehen!" Und um das zu beweisen, las sie ihren Eltern auf dem Heimweg jedes Nummernschild und jede Reklame vor, die auch nur in Sichtweite kam. Diese Welt war so ganz anders! Für sie war das alles neu und begeisternd, und ihre Eltern freuten sich mit ihr.

Als die Eltern den Rat eines Freundes annahmen und mit Abigail zwei Wochen später einen Augenarzttermin wahrnahmen, fand man heraus, dass sich ihre Augen zwar sehr verbessert hatten, aber dass sie nicht völlig geheilt waren. Diese Nachricht war niederschmetternd.

Warum hatte Gott nicht ganze Sache gemacht? Warum hatte Abigail nicht gemerkt, dass es nur ein bisschen besser geworden war, aber nicht völlig besser? Aber dann erklärten es sich die Eltern so, dass Abigail ja noch nie in ihrem Leben richtig normal sah – wie hätte sie dann den Unterschied merken können?

Der Arzt sagte ihnen aber doch, dass es eine erheblich spontane Besserung ihrer Sehfähigkeit gegeben habe, die er nicht erklären konnte. Der Optiker drückte es dann in Zahlen aus: Die Sehkraft des rechten Auges war nun von +4,25 auf +2 Dioptrien gestiegen, ihr linkes war von +4 zu +3 geworden. Und er machte eine Brille für Abigail, die sie jetzt aber nur zum Lesen und beim Schreiben aufsetzen muss. Für Abigail ist diese Verbesserung eine große Erleichterung, denn gerade Weitsichtige empfinden ihre Brille oft als entstellend. Und da machen zwei Dioptrien weniger ganz schön viel aus! Abigail glaubt von Herzen, dass der Gott, der ihre Augen schon einmal so drastisch angerührt hat, dies nochmals tun wird, damit sie ganz brillenfrei sein kann.

Abigail hat aber nicht nur Heilung für sich selbst empfangen – als Andreas im Abendgottesdienst für diejenigen betete, die selber für Kranke beten wollen, kam Abigail auch nach vorne. Sie bat Gott um diese Gnade. Obwohl sie erst acht Jahre alt ist, möchte sie, dass andere auch den Gott erleben, der sie angerührt hat und der heute noch heilt.

Antje Imhof erzählt

Mit etwa sechs Jahren habe ich eine recht große Dornwarze an meinem Fuß gehabt. Dornwarzen wachsen nach innen und können dabei auch den Knochen anfressen, was ich vor wenigen Jahren von einem Arzt erzählt bekommen habe. Aber ganz abgesehen davon gibt es Schmerzen beim längeren Laufen und beim Stehen. Ein Arzt hat damals versucht, die eine Warze rauszuschneiden, mit dem Ergebnis, dass ich ein paar Jahre später vermehrt Warzen bekam. Dies wurde bis zu meinem vierzehnten Lebensjahr so extrem, dass ich meinen damaligen Lieblingssport Jazz-Tanz nicht länger als ein Stunde ausüben konnte, da die Schmerzen durch den Druck auf die Fußsohle enorm wurden.

Also beschloss ich, mich mit fünfzehn erneut von einem Hautarzt operieren zu lassen. Diesmal mit Vereisen und Rausbrennen. Dies geschah wiederholt auch in den folgenden zwei Jahren, leider jeweils ohne Erfolg. Zu diesem Zeitpunkt, ich habe mich mit vierzehn Jahren für Gott entschieden, habe ich das erste Mal gehofft, dass Gott es nie so schlimm werden lassen soll, dass ich nicht mehr laufen kann. An eine vollständige Heilung dachte ich nicht.

Als ich mit siebzehn Jahren erneut so starke Schmerzen am Fuß hatte, wurde ich im Krankenhaus zweimal operiert, was mir eine Hautverpflanzung vom Oberschenkel an die Ferse einbrachte. Diese Verpflanzung ist heute noch mit einer länglichen Narbe mitten auf dem Oberschenkel sowie an der Ferse mit der verpflanzten Haut und Fleisch sichtbar. Ich hatte ein bis zwei Jahre Ruhe mit Warzen, bis erneut die ersten kleinen Warzen sichtbar wurden. Offene Schuhe trug ich von Jugend an eigentlich gar nicht mehr. Hohe Absätze waren auch nicht angenehm zu tragen.

Ich habe die nächsten Jahre eine Tinktur regelmäßig auf die betroffenen Stellen getupft. Es wurde nicht wieder so schlimm, dass ich gar nicht mehr laufen konnte, aber die Warzen sind auch nicht weggegangen. Als in unserer Gemeinde in den Abendgottesdiensten, dies schätze ich, ist zirka dreieinhalb bis vier Jahre her, Andreas das erste Mal dafür gebetet hat, ist nichts passiert. Ich hatte mich eigentlich damit abgefunden, dass der Zustand so zwar nicht optimal, aber erträglich ist. Ungefähr ein Jahr später habe ich angefangen zu joggen. Mehr als eine halbe Stunde war ohne Schmerzen nicht drin. Da kam mir so ein richtiger Frust mit den Warzen auf. Ich fühlte mich mehr und mehr gehindert, Dinge zu tun, die für andere normal und schmerzfrei sind.

In dieser Zeit fing Andreas an, in der Gemeinde mehr über Heilung zu predigen und gezielt für Heilungssuchende zu beten. Ich habe auch Gebet bekommen und jeweils eine kleine Besserung gespürt. An eine vollständige Heilung dachte ich damals noch nicht einmal, da es vielen Menschen wesentlich schlechter geht. Ich dachte, dass sie die Heilung mehr benötigen als ich. Ich sagte Gott, wenn es sein Wille ist, wird er mich eines Tages heilen. Kein Arzt konnte den Warzenwuchs stoppen. Dies wurde mir von den verschiedenen Ärzten immer wieder gesagt.

Sämtliche weiteren Operationen hätten kein positives Ergebnis bringen können. So wurde mir mehr und mehr bewusst, dass ich Gott dies Ganze überlassen konnte. Denn er wusste, ob und wann er mich heilen kann. Darauf habe ich vertraut. Dann ist an einem Sonntagmorgen, während der Predigt von Andreas, seine Bitte gewesen, wer an Heilung glaubt, soll die Hand auf die betroffene Stelle legen. Meine Füße wurden heiß, es fühlte sich mehr wie eine gute Durchblutung an. Nach dem Gottesdienst hatte ich nicht direkt nachgeschaut.

Etwa eine oder zwei Wochen später habe ich zwei Tage vor dem Urlaub meine Füße angesehen und war total baff. Es war keine Warze an meinen Füßen mehr zu sehen. Nur die Narben von den Operationen. Die Haut ist komplett gereinigt gewesen. Ich war total happy und bin Gott dankbar. Es ist keine sogenannte Spontanheilung gewesen, den genauen Zeitpunkt meiner Heilung kann ich nicht sagen. Aber ich weiß, Gott hat mich geheilt.

Die Warzen waren und sind bis heute weg. Wirklich weg. Ich habe mir seitdem auch offene Schuhe gekauft, selbst wenn man die Narbe der Verpflanzung sieht. Ich bin total glücklich, dass ich keine Schmerzen mehr habe und auch wieder lange laufen und Sport machen kann, ohne mich einzuschränken.

Gott ist der einzige Gott, der, auch heute, Wunder und Heilungen vollbringt. Und er hat mir persönlich mit der Heilung gezeigt, dass er mich unendlich liebt und auch in kleinen Dingen Großes bewirken kann.

Olaf Keller berichtet

Ich habe seit Jahren Warzen an Händen und Füßen. Ich war schon ein paar Mal im CZW, und so geriet ich im Januar in einen Heilungsgottesdienst. Ich war sehr skeptisch und habe lieber am Platz gebetet. Aber eigentlich habe ich mir gedacht, was sind die paar Warzen?

Seit zwei, drei Jahren hatte ich so zwanzig Warzen an Händen und Füßen. Besonders an den Füßen waren sehr lange Dornwarzen, und das war wirklich schlimm. Im letzten Jahr hatte ich eine Operation an den Händen, aber fünf kamen an der rechten Hand wieder. Na ja, in diesem Heilungsgottesdienst habe ich dafür gebetet, dass sie weggehen. Aber mir kam der Gedanke, was erwartest du eigentlich? Schließlich gab es eine ganze Menge Sachen, die dringlicher waren, wie ich fand. Aber in der Woche drauf verschwanden die Warzen langsam, nur die Narben blieben – wie eine Art Denkmal, dass Gott da ein Wunder getan hat. An die Füße habe ich gar nicht gedacht, ich habe dort erst zwei Wochen nach dem Gottesdienst geguckt, und da waren die Warzen weg – von dem Prozess selber habe ch gar nichts gespürt.

Gottes Laserpower (Fortsetzung)

Diese und die folgenden Beispiele zeigen es: Gott ist auch orthopädisch und chiropraktisch tätig. Nahezu 85 Prozent aller Erwachsenen haben im Laufe ihres Lebens irgendwann schmerzhafte Rücken- oder Nackenprobleme. Zu den Ursachen gehören Muskelverspannungen, Zerrungen, körperliche Fehlhaltungen (zum Beispiel bei sitzender Tätigkeit vor dem Computer), Abnutzung der Wirbelkörper oder Unfälle.

Häufig entstehen Schäden an den Zwischenwirbelscheiben, die vor allem durch falsche Belastung in eine Disposition kommen und Schmerzen verursachen. In schlimmeren Fällen jedoch kann es zu einem Bandscheibenvorfall kommen. Wenn sich bei Gebet vor unseren Augen Becken oder Hüftknochen neu ausrichten (ohne dass wir die Person anfassen oder bewegen), Wirbelkörper sich in die richtige Richtung drehen, Beine scheinbar länger werden und Schmerzen verschwinden, haben wir es mit einer chiropraktischen Behandlung durch den Heiligen Geist zu tun. Bei einigen Menschen wird manchmal der ganze orthopädische Knochenapparat vor unseren Augen neu ausgerichtet und durchgestylt oder saniert.

Gerd Stuke erzählt

Ich bin Heilpraktiker, und ich hatte seit zwei Wochen zunehmend stärkere Schmerzen im/am rechten Knie. Meine eigene Diagnose war eine entzündliche Reizung des medialen Kollateralbandes des rechten Knies mit eventueller Kapselbeteiligung, bedingt durch Fehl- und Überbelastung an der Behandlungsbank.

Geschwister aus meiner Gemeinde hatten mich zum Heilungsgottesdienst im CZW mitgenommen. Dort wurden die Teilnehmer im Gottesdienst alle zur Berührung der betroffenen Körperzone und zum eigenen Gebet aufgefordert. Dabei erlebte ich bereits eine spürbare Minderung der Knieschmerzen.

Anschließend wurden Leute mit Knieproblemen aufgefordert, nach vorne zu kommen. Im Gegensatz zu anderen Personen mit Knieproblemen, die vorn standen und auf deren Knie Andreas betend seine Hand legte, forderte er mich auf, mein Knie anzuheben. Im gleichen Moment berührte er betend mein krankes Knie mit seinem Knie.

Beim Zurückgehen zum Sitzplatz war kein Schmerz mehr spürbar. Ich fand das erstaunlich und großartig und dankte dem Herrn! Ich muss (leider) gestehen, dass ich als Heilpraktiker und „Fachmann" für Muskel- und Gelenkprobleme recht skeptisch war und ohne Heilungserwartung zum CZW mitgekommen war. Gott hat mich belehrt – er ist „Fachmann" über allen anderen ...!

Es kamen in der folgenden Nacht starke Schmerzen wieder. Aber ich erlebte eine erneute Schmerzbefreiung durch meine Gebetswiederholung, und so weitere Male ... Schmerz – Gebet – Schmerzfreiheit/Schmerz – Gebet – Schmerzfreiheit. Aber ich bin jetzt beschwerdefrei!

Barbara Peters erzählt

Am 01.04.2001 besuchte ich zum ersten Mal den Heilungsgottesdienst. Ich war gespannt, was Gott für mich bereithält, denn erstens habe ich durch einen Zufall von diesem Gottesdienst erfahren und zweitens habe ich einige Gebrechen. Da ich aber dem Wort Gottes glaube „Er heilt all deine Gebrechen", machte ich mich auf den Weg.

Nach einiger Zeit erfolgte ein Aufruf nach vorne zu kommen für diejenigen, die Heilung brauchen. Ich ging mit großer Erwartung nach vorne. Ich erzählte von meinem Bandscheibenvorfall, Rücken- und Schulterproblemen sowie Fußschiefstellungen. Andreas sagte, dies sei ein orthopädisches Problem. Der anwesende Arzt wurde herbeigerufen, er schaute sich meine Wirbelsäule an und stellte eine Verkrümmung im Lendenwirbelbereich fest.

Andreas betete und ich spürte, wie sich meine Wirbel bewegten. Dann musste ich mich auf einen Stuhl setzen, dabei wurden meine Beine gemessen. Tatsache war, das rechte war etwa einen Zentimeter kürzer. Nach dem Gebet war das rechte Bein einen halben Zentimeter gewachsen, jedoch Andreas war, wie ich, nicht zufrieden. Ich sollte aufstehen, meine Hände auf die Hüften legen. Andreas sagte, ich habe einen Beckenschiefstand und betete dagegen an. Dann setzte ich mich wieder auf den Stuhl und es wurde für die fehlenden halben Zentimeter gebetet, die dann auch nachgewachsen sind. Ich hatte dabei ein angenehmes, kribbelndes Gefühl aus der Hüfte heraus. Meine Freude war riesig, ich war der glücklichste Mensch der Welt, Freudentränen liefen über mein Gesicht.

Dann wurde nochmals für meine Wirbelsäule gebetet. Sowie gebetet wurde, bewegten sich meine einzelnen Wirbel, bis hoch zum Kopf. Es war sehr angenehm, und ich spürte die Nähe und Liebe Gottes gewaltig. Es war ein sehr schöner Moment. Als dies vorbei war, fühlte ich mich wie neu, ich hatte keine Schmerzen mehr. Gott sei Dank!

Am Montag ging es zu Hause weiter. Gegen etwa 11.30 Uhr hatte ich den Eindruck, ich sollte mich einmal hinlegen, dies tat ich. Kaum dass ich lag, ging es wieder los – ich hatte das Gefühl, meine Wirbel bewegten sich ganz sanft einzeln. Auch hier habe ich die Nähe und Liebe Jesu gespürt. Als ich dann aufstand, fühlte ich mich einfach geheilt, gesund, leicht – super gut – schwer zu beschreiben.

Im Mai brachte ich dann meinen Sohn Christian mit in die Gemeinde. Bei ihm hatte der Orthopäde diagnostiziert, dass das eine Bein um eineinhalb Zentimeter kürzer war als das andere. Auch er bekam Gebet. Ich war dabei, als er auf dem Stuhl saß. Jemand hat seine Füße festgehalten, und ich konnte richtig zusehen, wie das Bein in meiner Hand wuchs. Christian hat dann die Einlagen aus dem Schuh genommen, und er kann richtig gut laufen, ohne Schmerzen. Auch dafür bin ich Gott natürlich sehr dankbar.

Wenn Ehepaare keine Kinder kriegen können

Wenn Ehepaare Kinder wollen, und doch kinderlos bleiben, dann gibt es viel Leid. Aber auch hier gilt Gottes Verheißung seiner Schöpferkraft, wie sie in 2. Mose 23, 26 steht:

> „In deinem Land wird es keine Frau geben, die eine Fehlgeburt hat oder kinderlos bleibt. Ich lasse dich die volle Zahl deiner Lebenstage erreichen."

Wenn ich höre, dass „unfruchtbare Paare" angeblich keine Kinder kriegen können, entfaltet sich häufig in mir ein Glaube, dass in dieser Angelegenheit nichts unmöglich ist. In der Gemeinde meines amerikanischen Freundes Tod Zeiger in Knoxville, TN, war ich gerade fünf Minuten am Predigen, als der Heilige Geist mich unterbrach, um unfruchtbare Ehepaare nach vorne zu rufen. Ich las damals das erste Wunder vor, das in der Bibel erwähnt wird, über Abimelech und die Unfruchtbarkeit in seinem Haus.

Ich denke, es waren fünf Paare, die nach vorne kamen, um Gebet zu empfangen. Die Kraft Gottes war so präsent, dass alle Paare sich unter der Kraft Gottes ein paar Sekunden später auf dem Boden wiederfanden. Ein Jahr später hörte ich, dass vier der fünf Paare schwanger seien. Inzwischen habe ich auch die Kinder kennen gelernt.

Nicola Beachnau erzählt

Die Ärzte sagten, dass es meinen Zyklus gar nicht gibt. Auch eine Hormonbehandlung hatte nichts geholfen. Zwar ist nie das Wort „Unfruchtbarkeit" gefallen, aber es hat eben mit dem Kinderkriegen nicht geklappt. In einer persönlichen Gebetszeit hatte ich dann das Gefühl, dass ich gar nichts weiter gegen die Kinderlosigkeit machen sollte, sondern sie einfach Gott abgeben sollte.

Schweren Herzens beschloss ich, für unsere Ehe beide Wege (Kinder zu bekommen oder auch niemals eigene Kinder zu haben) zu akzeptieren. Einen kleinen Stich habe ich schon gespürt, wenn ich andere schwangere Frauen gesehen habe. Ich beschloss jedoch, Neid und Eifersucht in meinem Herzen gar nicht erst Raum zu geben. Ich wollte schlicht keinen Neid zulassen. Ich habe diese Eifersucht-Gefühle gleich immer an Gott abgeben und versucht, mich nicht absichtlich hineinzusteigern. So konnte ich mich trotzdem mit anderen werdenden Müttern von ganzem Herzen freuen. Ich sehe das jetzt im Nachhinein als wichtige Voraussetzung für eine Heilung.

Vor sechs Jahren wollte ich im CZW ein Seminar mit Bobby Connor besuchen. In einem Aufruf lud der Redner Frauen zum Gebet ein, die keine Kinder bekommen konnten. Ich bin unter dollem Herzklopfen auch nach vorne gegangen, etwa mit fünf weiteren Frauen, die genau wie ich unter ihrer Kinderlosigkeit litten. Weil mehrere Hunderte von Menschen dort waren, fiel mir das nicht leicht. Aber Gottes Gegenwart habe ich so stark gespürt, dass ich gleich umgefallen bin. Nach dem Seminar habe ich durch einen Seelsorger aus der Gemeinde auch weiter mehr Gebet bekommen, auch um von Sachen aus meiner Vergangenheit frei zu werden.

Nach dem Aufruf und seinem Gebet wurde ich auf einmal sofort schwanger, obwohl ich durch eine neue Arbeitsstelle und eine Krankheit, die mit Antibiotika behandelt wurde, sehr im Stress war und dies manchmal eine Schwangerschaft verhindern kann. Ein Jahr später bin ich sogar noch mal völlig ungeplant schwanger geworden, obwohl ich das nach einem Kaiserschnitt aus medizinischer Sicht eigentlich gar nicht „durfte". Auch dieses Kind kam gesund zur Welt.

Wenn wir heute mit den beiden Kindern zusammen sind, dann sage ich oft auch ein Dankgebet an Gott, der mir Kinder geschenkt hat, obwohl es unmöglich war.

Norman und Susanne Zimmer erzählen

Seit Anfang 1995 wünschten wir uns Kinder und hörten auf, zu verhüten. Nach einem Jahr war jedoch immer noch keine Schwangerschaft eingetreten. Ein Frauenarzt sagte uns, dass es statistisch „normal" sei, ein Jahr auf eine Schwangerschaft zu warten, und da wir diesen Zeitraum überschritten hatten, standen für uns Untersuchungen durch entsprechende Ärzte an. Diese fanden jedoch keine Ursache für unsere ungewollte Kinderlosigkeit.

Wir waren in dieser Situation ziemlich ratlos, und hatten Tausende von Fragen. Wir haben beide viel gebetet und nahmen auch Gebet von anderen bei jeder Gelegenheit dankbar an. In den nächsten Jahren gingen wir durch viele Höhen und Tiefen und hatten Phasen der Zuversicht und Phasen der Verzweiflung. Unabhängig von unseren Gefühlen stellten wir uns jedoch immer wieder auf Gottes Wort, das sagt, dass wir fruchtbar sein und uns mehren sollen.

Im Januar 2000 war Susanne schwanger – endlich! Die Freude war riesengroß. Um so heftiger war der Schmerz, als sie eine Fehlgeburt erlitt. Fünf Jahre warten – und dann das.

„Ich hatte ganz große Angst vor dem errechneten Geburtstermin", erzählt

Susanne. „Unsere Gemeinde feierte an diesem Tag ein großes Jubiläum, und es sollte ein Freudentag werden. Ich hatte Angst, einfach nur weinen zu müssen. In den Monaten vor dem Termin habe ich oft Gott gesucht und beschlossen, den Blick möglichst nach vorne und nach oben gerichtet zu halten, anstatt zurück zu sehen. Für den Tag des Jubiläums habe ich mich für den großen Chor gemeldet, und mir fest vorgenommen, Gott ein Loblied zu singen, ganz egal wie groß der Kloß in meinem Hals ist. Mir hat es sehr geholfen, an diesem Tag von mir selbst wegzuschauen auf Gott. Und Gott hat mich dafür reichlich belohnt – mit einem der schönsten Tage in meinem Leben, an dem ich seine Gegenwart und Liebe spürte und einfach alles passte. Wir hatten dann noch überraschend einen lieben Freund als Übernachtungsgast, dem wir auch unsere Geschichte zu diesem Tag erzählten. Er betete an diesem Abend auch noch mal für uns und unseren Kinderwunsch und gegen alle Hindernisse."

„Ein Leben ohne Kinder konnten wir uns einfach nicht vorstellen", fährt Norman fort. „Deshalb überlegten wir auch, ob wir gegebenenfalls ein Pflegekind aufnehmen sollten. Wir setzten uns einen Stichtag, an dem wir mit dem Jugendamt Kontakt aufnehmen wollten, falls Gott zum Thema Kinderwunsch bis dahin nicht klar sprechen sollte. Ich habe mich noch mal vor Ablauf dieser Frist einen Tag in die Stille zurückgezogen und zu Gott gebetet, dass er die Tür einfach deutlich auf machen soll, oder sie genau so deutlich zu machen soll."

Was Susanne und Norman nicht wussten: Zu diesem Zeitpunkt war Susanne bereits einige Tage schwanger. Als sie es herausfanden, war die Freude natürlich groß. Aber auch die Sorge – denn es hatte ja schon eine Fehlgeburt gegeben. Außerdem war Norman erblich mit Krankheiten belastet: er hatte selber eine schwere Diabetes und eine Trichterbrust, und beides ist eben vererbbar. Wieder beteten Norman und Susanne und ihre Gemeinde, das CZW, mit um ein gesundes Kind. Und siehe da: Maria ist mit im Krankenhaus gemessenen 59 Zentimetern und 4.270 Gramm ein derart vor Gesundheit strotzendes Kind, dass man fast denken möchte, Gott hätte sich selber gesagt: „Jetzt aber richtig!"

Wenn man die beiden jetzt sieht mit ihrem kleinen Wonneproppen, dann freut man sich gleich mit ihnen. Aber auf die Frage, woran es denn die ganze Zeit gelegen habe, wissen die beiden keine einfache Antwort. Man kann nicht sagen, welches Gebet denn nun das Entscheidende war. Norman und Susanne haben für sich das Gefühl, dass es die ganze Menge und das ganze Maß aller Gebete war, die ihnen letztendlich ihre kleine Maria bescherte, für die sie Gott von ganzem Herzen danken.

Lars und Inga Carstens erzählen

„Noch drei Wochen, und ich war wieder zu Hause – mein Auslandssemester ging seinem Ende entgegen", erzählt Lars. „Aber ich hatte schon seit ein paar Wochen einen angeschwollenen Hoden, der auch weh tat. Ich überwand mich und ging damit zum Arzt. Der tippte auf eine Wasseransammlung und beruhigte mich, aber schickte mich auch zum Urologen. Dort war so kurzfristig kein Termin mehr zu bekommen, also musste das warten bis nach meiner Rückkehr. Vorher wollte ich noch einen kurzen Wanderurlaub machen. Auf einer der Wanderungen hatte ich Wahnsinnsschmerzen, und kein Arzt war in Reichweite. Ich habe zu Gott geschrieen, dass er mir die Scherzen nimmt und mich bewahrt. Es wurde dann auch besser.

Nach meiner Rückkehr war ich erst wegen einer anderen Sache beim Hausarzt, der mich dann aber sofort für den nächsten Tag in die Ambulanz der Klinik schickte, weil er das nicht für harmlos hielt. Meine damalige Freundin Inga brachte mich hin, und ich wurde sofort operiert. Man tippte dort auf eine Hodentorsion, bei der die Bänder die Gefäße abgetrennt haben könnten. Der Hoden war schon gefühllos. Man hat ihn dann entfernt. Wegen des abgestorbenen Gewebes war es nicht möglich, gleich zu entscheiden, ob es gutartig oder bösartig war. Hätte man damals eine Biopsie machen können und dabei festgestellt, dass das ein bösartiger Tumor war, hätte man auch gleich in der Leiste die Lymphgefäße entfernt, um eine Streuung zu verhindern. Aber man ging damals immer noch von der Torsion aus.

In der Woche nach der Operation haben Inga und ich uns verlobt, wie es geplant war. An dem Morgen, wo wir zum Standesamt gehen wollten, um das Aufgebot für unsere Hochzeit zu bestellen, erhielt ich einen Anruf aus der Klinik. Die Gewebsuntersuchung habe ergeben, dass es sich um einen bösartigen Tumor handele. Man hat mich dann gleich für den nächsten Tag in die Klinik bestellt, ohne mir zu sagen, was geplant war. Es war die

Rede davon, dass man im Hodensack noch „sauber machen" müsse, um es dort „gründlich auszuputzen". Bei einem OP-Vorgespräch ging es aber darum, die Lymphgefäße im Bauchraum zu entfernen, um eine Ausbreitung des Krebs zu verhindern. Allerdings wurde ich auch darauf hingewiesen, dass bei dem Eingriff ein mehr als neunzigprozentiges Risiko besteht, dass der für den Samenerguss notwendige Nerv durchtrennt werde. Drei Wochen vor der Hochzeit war das eine schockierende Eröffnung. Die Operation war von Seiten der Klinik auf den nächsten Tag angesetzt. Aber ich bat darum, sie einen Tag aufzuschieben. Ich wollte auch noch Sperma einfrieren lassen. Inga und ich haben alle unsere christlichen Freunde für das Gebet mobilisiert. Die Entscheidung für oder gegen die Operation lastete auf mir, und ich brauchte Gottes Weisheit.

Am ganzen nächsten Tag versuchte ich, den Arzt zu erreichen, um mit ihm zu reden. Ich bin ihm wirklich hinterhergelaufen. Er eröffnete mir dann auf dem Gang der Station, ich sei ja sowieso zeugungsunfähig, das Spermatogram habe ergeben, dass sich ein Einfrieren nicht lohne. Es wären sowieso sehr wenige gute Spermien da, und die würden bei der Kryokonservierung absterben.

Mich besuchte dann an diesem Tag auch noch meine damalige Hauskreisleiterin in der Klinik, die über ein anderes Hauskreismitglied einen anderen Arzt empfahl. Nach kurzem Ringen wechselte ich dann den Arzt. Für mich war es ein Glaubensschritt, die OP nicht zu machen. Wenn Gott unsere Ehe segnen wollte, dann sollten auch Kinder dazu gehören. Ich wusste damals nicht, ob der Tumor gestreut hatte. Mir wurde erklärt, dass damals auf dieser Wanderung der Hodentumor geplatzt sei. Es hätte sich also alles gut über die Blutbahnen verteilen können.

Bei dem ersten Termin mit dem neuen Arzt wurde mir genau erklärt, dass man einen Tumor im fortgeschrittenen Stadium gefunden hätte. In nur 3 Prozent der Fälle ist der Tumor im Hoden und nicht außen. Wenn der Tumor außen liegt, streut er über die Lymphgefäße und deswegen müssen diese entfernt werden. Liegt er innen wie bei mir, dann streut er über die Blutbahnen. Die Bauch-OP mit all ihren Risiken war also hinfällig, und ich hatte die richtige Entscheidung getroffen. Ein Computertomogram der Lymphgefäße bestätigte dies. Man empfahl mir aber eine adjuvative Chemotherapie.

Die haben wir dann auf nach der Hochzeit verschoben. Nach der Chemo mit allen ihren Begleiterscheinungen machte ich meine Diplomarbeit. Ich ging weiter zu regelmäßigen Kontrollen. Kurz vor unserem ersten Hochzeitstag bekam ich einen Anruf, dass die Blutwerte erhöht seien. Der Arzt sagte er sei sich nicht sicher, ob das Blut nicht vielleicht verwechselt worden sei. Man fand dann in einer weiteren Blutprobe noch mehr Tumormarker, und ich hatte schon vorher einen Knubbel im Hodensack gefühlt. Diese erbsgroße Geschwulst wollte man entfernen. Wieder baten wir alle unsere Freunde um Gebet. Bei der Operation wurde ein bösartiger neuer Tumor gefunden, die Lymphe in der Leiste war aber ohne Befund, genauso auch eine Computertomographie von Bauchraum und Kopf. Wieder wurde mir die Operation im Bauchraum empfohlen, bei der die Gefahr bestand, dass der Nerv für die Ejakulation durchtrennt wurde. Nach langem Gebet habe ich sie nicht machen lassen, dafür aber die ebenfalls angeratene Chemo. Diese Chemo war sehr hart, schon nach drei Tagen hatte ich kein einziges Haar mehr, nicht mal in der Nase.

Auch im Zusammenhang mit dieser Operation wurde ein Spermatogramm gemacht, auch dieses war wieder sehr schlecht. Außerdem bestand ein erhebliches Risiko der Behinderung des Kindes wegen der Chemos mindestens für die nächsten zwei Jahre, und man riet uns zur Adoption, wenn wir überhaupt Kinder wollten. Da man für eine Adoption eine gewisse Altersgrenze nicht überschritten haben darf, haben wir schon bald erste Gespräche gesucht.

Und doch passierte das Wunder: Inga wurde schwanger – allerdings nur 21 Monate nach der zweiten Chemo. Der Onkologe war sehr unglücklich, weil er ein hohes Missbildungsrisiko erwartete, und riet uns zur Abtreibung. Wir aber beteten um ein gesundes Kind.

Und Gott erhörte uns. Wir haben jetzt vier gesunde Kinder. Zehn Jahre nach dem Rezidiv gelte ich als geheilt vom Hodenkrebs, auch wenn ich natürlich weiterhin regelmäßig zu Kontrolluntersuchungen gehe.

Jetzt fragt vielleicht einer, was denn hieran Gottes Wunder war. Denn es war ja keine spektakuläre Heilung. Aber für mich sind es doch erkennbar Gottes Spuren. Er hat mich zwei Mal davor bewahrt, dass der Tumor streute, obwohl er lange im Körper war. Die Heilung war eben die operative Entfernung des Tumors in meinem Fall. Gott hat mich auch in den sehr schwierigen Entscheidung mit der Bauch-OP begleitet. In all dem ganzen hat auch mein Studienende und der Einstieg in den Beruf geklappt, was ein Wunder ist. Und das größte Wunder sind für mich natürlich unsere vier gesunden Kinder.

Die Quelle der Heilkraft

Von Jesus geht eine faszinierende Attraktivität aus, und das schon seit über zweitausend Jahren. Niemand hat so viele Menschenherzen erobert wie er. Ganze Gruppen von Wissenschaftlern beschäftigen sich mit den Aspekten seiner Botschaften und seines Lebens. Kein Wunder, dass das Neue Testament nicht nur das meistgelesene Buch der Welt ist – es wurde auch in über zweitausend Sprachen übersetzt. Selbst unsere Zeitrechnung hat ihn zum Fixpunkt, denn wir leben in der Zeit nach Christi Geburt. Durch seinen Tod und seine Auferstehung hat es einen Wendepunkt in der Menschheitsgeschichte gegeben.

Wenn wir verstehen wollen, wie Gott arbeitet, müssen wir uns Jesus anschauen. Wenn wir Gott reden hören wollen, sollten wir Jesus zuhören. Wenn wir mehr über Zeichen und Wunder wissen und lernen wollen, sollten wir Jesu Dienst studieren. Denn Jesu Dienst war der geoffenbarte Wille Gottes, und zwar in Aktion. Die Bibel sagt uns, dass Jesus derselbe ist gestern, heute und in Ewigkeit.

Jesus selber sagt über seine Worte: „Himmel und Erde werden vergehen. Meine Worte aber werden nicht vergehen." Eines seiner markantesten Markenzeichen war der Heilungsdienst an den Kranken, für die er sich viel Zeit nahm. Die Kette derer, die der Mann aus Nazareth zum Heilungsdienst inspiriert, befähigt und autorisiert hat, ist bis zum heutigen Tag nicht abgebrochen, ebenso wenig wie die Kette der Menschen, die zum Glauben an Gott kommen. Heute rettet sein Wort auf den Lippen seiner Jünger Scharen von Menschen, die zum Glauben an Gott kommen. Heute heilt seine verliehene Autorität durch die Hände derer, die ihm folgen, genau so wie damals vor zweitausend Jahren. Er selbst sagt:

„Und durch die, die zum Glauben gekommen sind, werden folgende Zeichen geschehen: In meinem Namen werden sie

... Kranken die Hände auflegen und es wird besser werden."
(Markus 16, 17-18)

Jesus, das Vorbild

Für meinen Heilungsdienst, in dem ich heute stehe, war eine Erkenntnis fundamental: die Erkenntnis, dass Jesus tatsächlich derselbe ist – gestern, heute und in Ewigkeit. (Hebräer 11, 13) Wenn er vor zweitausend Jahren Menschen liebte, so liebt er sie noch heute. Er liebt nicht nur mich, meine Familie, meine Freunde, die Mitglieder der Gemeinde, sondern jeden Menschen. Wenn er vor zweitausend Jahren heilte, dann tut er das auch noch heute. Und wenn er heute jemand heilt, wird er auch zwei Leute heilen. Heilt er zwei, dann heilt er auch acht. Wenn er acht heilt, dann kann er auch sechzehn heilen, heilt er sechzehn, dann kann er in einem Heilungsgottesdienst zweiunddreißig heilen. Heilt er zweiunddreißig, dann ...

Jesus ist unwandelbar.

Ich fing also an, für die Kranken zu beten, denn das hatte Jesus auch getan. Und es passierte – Menschen wurden gesund. Mit jedem Geheilten wuchsen mein Glaube und die Überzeugung von seiner Fähigkeit, Liebe und Barmherzigkeit, die er für die Heilung suchenden Menschen und deren unterschiedliche Nöte auch heute noch weitergeben will, und das sogar durch mich. Jesus steht als derselbe heute hinter seinen Worten und Verheißungen.

Jesus ist unwandelbar. Wenn es eine Veränderung gibt, dann höchstens die, dass wir verstehen, dass er noch besser, noch freundlicher ist, und noch mehr Menschen heilen will, als wir bisher dachten.

In dem Heilungsdienst an einem blind Geborenen wandte sich Jesus seinen Jüngern zu und sagte: „Wir müssen die Werke dessen tun, der mich gesandt hat." (Johannes 9, 4) Sofort setzte er das Gesagte in die Tat um und heilte den Blinden. Jesu Auftrag bestand nicht darin, ein öffentliches Amt oder irgendeinen Titel zu erwerben, geschweige denn wissenschaftliches Wissen zu vermitteln, Wohlstand zu erwerben oder eine Armee anzuführen. Sein Hauptauftrag bestand darin, den Willen des Vaters zu tun. Doch was war der Wille des Vaters? Jesus drückt die irdische Stellenbeschreibung, in die er von seinem Vater gesandt war, wie folgt aus:

> „Der Geist des Herrn ruht auf mir; denn der Herr hat mich gesalbt. Er hat mich gesandt, damit ich den Armen eine gute Nachricht bringe; damit ich den Gefangenen die Entlassung verkünde und den Blinden das Augenlicht; damit ich die Zerschlagenen in Freiheit setze und ein Gnadenjahr des Herrn ausrufe." (Lukas 4, 18-19)

> „Heilt die Kranken, die dort sind, und sagt den Leuten: Das Reich Gottes ist nah." (Lukas 10, 9)

> „Der Dieb kommt nur, um zu stehlen, zu schlachten und zu vernichten; **ich bin gekommen, damit sie das Leben haben und es in Fülle haben.**" (Johannes 10, 10)

> „Denn auch der Menschen Sohn ist nicht gekommen, um sich dienen zu lassen, sondern um zu dienen und sein Leben hinzugeben als Lösegeld für viele." (Markus 10, 45)

In diesen Bibelstellen, die Sie eben lasen, ist für mich die wesentliche Summe seines Auftrags festgehalten.
Jeder Schritt, jede Handlung, jedes Wort, jede Tat Jesu hat nur eines zum Ziel: den Menschen von seinen Nöten zu befreien. Sein Auftrag war es, Menschen zu heilen und sie mit dem Schöpfer näher in Verbindung zu bringen. Er rettete, heilte und lehrte uns, wie wir leben sollen. Eine Selbstverwirklichungsgesellschaft lehrt er beispielsweise: „Ich, der Meister, bin nicht gekommen, damit ihr mir dient, sondern ich bin gekommen, um euch zu dienen." Weiterhin sagt er:

> „... ich bin gekommen, damit sie das Leben haben und es in Fülle haben." (Johannes 10, 10)

Mit seinem Lebensstil des Dienens und Wiederherstellens setzte er einen Standard, dem wir bewusst folgen sollen.

Seine bedeutungsvollste Aussage für uns Menschen hat er in folgendem Satz zusammengefasst:

> „Ich bin der Weg, die Wahrheit und das Leben, niemand kommt zum Vater außer durch mich." (Johannes 14, 6)

Vergegenwärtigen wir uns, dass Jesus nicht nur ein einfacher Mensch war wie Sie oder ich. Er war die dritte Person der Dreieinigkeit, die sich der Menschheit in Fleisch und Blut präsentierte, damit sie Gott, den Allmächtigen, verstehen konnte. Jesus ist Gott. Jesus ist auch nicht irgendein Weg dieses Lebens. **Er ist der Weg** aus dem Chaos, der Weg zu seinem Vater, in unsere persönliche Bestimmung hinein. Wenn Sie sich in den Wirren des Lebens verloren haben und Ihnen die Orientierung fehlt, dann sagt Jesus: „Ich bin der Weg."

Jesus ist auch nicht ein Vermittler von allgemeinen Wahrheiten, er sagt: „Ich bin die Wahrheit schlechthin." Jesus Christus hat, wenn ich es mal provozierend ausdrücken darf, kein Leben. Er ist das Leben. Wenn Sie sich in einer innerseelischen Dunkelheit befinden, dann sagt er: „Ich bin das Licht der Welt." Lassen Sie zu, dass sein Licht sie erreicht. Wenn wir durstig sind nach Sinn und dem wahren Grund unserer Existenz und Bestimmung, sagt er: „Ich bin die Quelle des Lebens. Wer von mir trinkt, wird niemals mehr dürsten" (nach Johannes 4, 14). Zu den Hungrigen sagt er: „Ich bin das Brot des Lebens", und für das, was dabei ist, in oder an uns abzusterben, ruft er zu: „Ich bin die Auferstehung und das Leben". Für unsere Krankheit sagt er: „Ich bin der Herr, dein Arzt." Für jeden verwirrten, verzweifelten menschlichen Geist will er der Friedefürst sein, der sich finden lässt. Ich weiß aus eigener Erfahrung, was Gott tun kann, wenn unser Leben zerbrochen in Scherben auf dem Boden der Tatsachen zu liegen scheint. Als Schöpfer ist er derjenige, der den Klebstoff hat, um die Teile zusammenzusetzen, die manche so einfach wegschmeißen.

Und er bequemt sich nicht dazu, er lässt sich nicht dazu herab, sondern er sucht sogar ganz aktiv nach Menschen, denen er helfen darf.

„Der Herr steht allen bei, die allein ihm vertrauen. Auf der ganzen Welt sucht er nach solchen Menschen." (2. Buch der Chronik 16, 9). An dieser biblischen Aussage hat sich seit damals nichts geändert.

Er stellt sich vor als der: „Ich bin, der ich bin, ich bin, der ich sein werde." Er sagt von sich, „Ich bin derselbe gestern, heute und in alle Ewigkeit."

Gott möchte, dass Sie ihn als Ihre unwandelbare Quelle betrachten. Er möchte Sie segnen, heilen, Ihnen Kraft geben und Ihnen Ihre Bestimmung zeigen. Jetzt können Sie sagen: „Herr Herrmann, ich haben nicht das Gefühl, dass Gott mich auffängt, meine Frau ist krank, meinen Job bin ich los, mein Computer streikt ständig, die Adressen lieber Menschen sind mir ausgegangen, und ich befinde mich im freien Fall. Warum scheint Gott nur für alle anderen etwas zu tun und nicht für mich?"

Gott möchte, dass Sie ihn als Ihre unwandelbare Quelle betrachten.

Lassen Sie mich eine Frage stellen: Haben Sie den unwandelbaren Gott wirklich schon zur Quelle Ihres Lebens gemacht? Verlassen Sie sich auf ihn, wie es in den im Text zitierten Bibelstellen stand? Wenn nicht, haben Sie vermutlich eine Menge himmlischer Segnungen verpasst. Gott will denen beistehen, die sich allein auf ihn verlassen. Das heißt, Sie müssen eine Beziehung zu unserem Schöpfer Jesus Christus entwickeln und kultivieren.

Wie man das machen kann, zeigt folgende Begegnung: Ein französischer Priester fragte einen Bauern, der über eine Stunde in seiner Kirche saß, offensichtlich ohne zu beten: „Was machen Sie hier?" „Oh, ich schaue nur Gott an." Pause. „Er schaut mich an, und wir sind beide glücklich."

Der nun folgende Lebensbericht zeigt, wie nachhaltig es verändert, wenn man sich an Gott als Lebensquelle anschließt. Gott heilt nicht nur den Körper eines Menschen, er heilt auch nicht nur die Seele – er kann einen ganzen Menschen als Mitglied der Gesellschaft wiederherstellen. Wie bei unserem Gemeindemitglied Alfred.

Alfred Bühler erzählt, wie Jesus ihn heilte

Als ich geboren wurde, da war meine Mutter erst achtzehn. Ich habe noch einen älteren Bruder, den hat meine Mutter schon mit fünfzehn bekommen. Als ich ungefähr eineinhalb war, ließen sich meine Eltern scheiden. Wir Kinder blieben bei meiner Mutter. Meine Mutter war oft abends weg, und dann waren wir Kinder allein. Als ich dreieinhalb war, ist das Jugendamt eingeschritten und hat uns von der Mutter weggeholt nach Würzburg in ein katholisches Knabenheim. Das ist auch meine erste Erinnerung. Dort blieb ich, bis ich elf war. Das Heim war wie ein Gefängnis, umzäunt, mit einer eigenen Schule und einer Kirche. Wir kamen höchstens sonntags raus zum Spaziergang und da mussten wir in Zweierreihen Händchen haltend gehen.

Ich kann mich nicht erinnern, dort einen Freund oder so was gehabt zu haben. Wir sind oft hart bestraft und geschlagen worden. Im Nachhinein denke ich, dass die Nonnen wohl überfordert waren, denn jede Nonne hatte allein bis zu 35 Jungen zu betreuen. Anfangs im Heim, da fand ich Gott noch ganz toll. Ich habe im Chor mitgesungen, das brachte noch gewisse Vorteile mit sich. Aber dass die Nonnen geschlagen haben, das hat sich auf mein Gottesbild ausgewirkt. Rückblickend muss ich sagen, dass ich da mit Gott abgeschlossen habe.

Als ich mit elfeinhalb aus dem Heim kam, gab es da plötzlich Frauen, nicht nur vermummte Nonnen. Ich lebte erst mal bei meiner Mutter in einer eineinhalb Zimmer-Wohnung. Sie war wieder verheiratet, aber ihr Mann war damals gerade im Gefängnis. Die Mutter hatte wechselnde Freunde, und die Wohnung hatte keine Zimmertüren, da hat man dann schon einiges mitgekriegt. Als der Stiefvater aus dem Knast kam, war der mit der Situation völlig überfordert und es gab zu Hause nur noch Zoff und Prügel. Die Schule fand ich draußen nur „eigenartig", besonders die Mädchen. Ich hab da keinen normalen Umgang gefunden. Irgendwann haben wir eine Klassenfahrt an die Nordsee gemacht, wo sie mir eine halbe Flasche Korn eingetrichtert haben – das war mein erster Vollrausch. Ich muss bewusstlos gewesen sein, jedenfalls wachte ich auf, als die alle mit ziemlich besorgten Gesichtern um mich rumgestanden haben. Im Rausch muss ich ziemlich viel geredet haben, denn plötzlich war ich angenommen und bin in Cliquen reingekommen, in denen wir dann Hasch genossen haben.

Da ich total ohne Perspektive war, habe ich schnell und exzessiv gekifft und auch mal LSD genommen.

Irgendwann hatte ich die Prügel von meinem Stiefvater leid und habe auf dem Jugendamt Anzeige gegen ihn erstattet, um in das Lehrlingswohnheim zu meinem Bruder zu kommen. Das mit der Anzeige habe ich dann aber wieder fallen gelassen. Ins Wohnheim bin ich trotzdem gekommen. Da hatte ich dann erste Freiheiten, ich durfte bis zehn abends weg – vorher bin ich höchstens mal mit dem Zwergpudel meiner Mutter um die vier Ecken in einem Frankfurter Vorort gegangen, das war natürlich nicht so der Hit. Mein großer Bruder hat damals in einer Drogendisco gearbeitet, und mit der Schule war ich auch bald fertig – die Lehrer waren froh, dass sie mich los waren, und der, der auf der Klassenfahrt mitgewesen war, der war richtig nachsichtig mit mir, weil der ja wusste, was sich zu Hause so abspielte. Ich war am Ende nicht mehr so viel in der Schule, aber sie haben mich gnädig irgendwie durchgebracht. Ich hatte keine Idee, wie es weitergehen soll – nach dem bürgerlichen Leben hatte ich wenig Bedürfnis, aber auch sonst keinen Plan.

Ich bin dann zur Post gegangen, um „Postjungbote" zu lernen, da bin ich aber nur ein Dreivierteljahr geblieben, weil ich schon exzessiv Drogen nahm. Mir haben sie damals gesagt, ich „würde den öffentlichen Dienst verpesten und sollte besser kündigen" – genau das habe ich auch getan. Ich kam im Lehrlingswohnheim immer später heim, so erst um eins, und das ging natürlich auch nicht lange gut. Also habe ich erst auf der Straße, dann in Abbruchhäusern gewohnt. Meinen ersten Gefängnisaufenthalt hatte ich schon mit vierzehn, da hatte ich einen Straßenbahnkontrolleur zusammengeschlagen, und da ich keinen Wohnsitz hatte, kam ich in U-Haft in eine Einzelzelle und war 23 Stunden allein und hatte eine Stunde Hofgang. Als ich vom Knast wieder draußen war, bin ich mit einem „Freund" klauen gegangen und habe ihm die harten Drogen mitfinanziert, bis ich irgendwann sagte, ich will das auch mal probieren. Und so habe ich mir mit fünfzehneinhalb meinen ersten Schuss aus einer Morphiumampulle gesetzt.

In dem Moment wusste ich, das isses – alle Last war weg, alle fünfzehn Jahre waren weg – die Droge löschte mein Liebesdefizit aus. Ich habe mir dann gar keine Grenzen gesetzt, warum auch, sondern wollte einfach nur nehmen. Mein Lebensunterhalt waren der Diebstahl und Dealen, und das ging lange gut. Ich hatte so viel Geld, dass ich im Hotel wohnen konnte, zwar nur in einer billigen Absteige, aber immerhin. Kurze Zeit habe ich auch durch Prostitution mein Geld verdient, aber das war nicht so mein Ding, das habe ich nur gemacht, wenn gar nichts anderes ging.

Dass ich süchtig war, habe ich zuerst gar nicht gemerkt, weil ich ständig auf Stoff war, aber dann kamen mal die ersten Entzugserscheinungen, und die Tiefs der Droge waren genau so extrem wie die Hochs, denn die Probleme waren ja nur weggedrückt. Mit achtzehn hatte ich meine erste Entgiftung hinter mir in einer Psychiatrie, und als da die Tür hinter mir zufiel, da dachte ich, das ist die Endstation.

Ich habe danach noch viele Entgiftungen gemacht, die meisten davon aus eigenem Antrieb. Mit neunzehn kam ich in eine Langzeittherapie, das war meine erste Zusammenhaltserfahrung ohne Drogen, da wollte ich erst gar nicht weg und schaffte es auch, sechzehn Monate zu bleiben statt der vorgesehenen neun. Aber ich bin danach schnell wieder rückfällig geworden. Ich glaube, elf Therapieversuche waren es insgesamt– ich hatte natürlich schnell raus, wie so was funktioniert. Einmal bin ich tatsächlich aus einer Therapie geflogen, weil die anderen zur Einzeltherapie auf mein Zimmer kamen und ich „den Status der Therapeuten gefährde." Ich bin nach jeder Therapie schnell wieder rückfällig geworden, das war ein Kreislauf.

Mit einer Partnerin bekam ich einen Sohn. Damals nahm ich keine harten Drogen, sondern habe nur exzessiv gesoffen. Das ist zwar nicht besser, aber wenigstens gesellschaftlich akzeptiert. Ich habe dann auch als Altenpfleger gearbeitet, aber weil die Fettleber so schlimm wurde, musste ich das abbrechen.

1992 habe ich meine letzte Therapie durchgezogen und wurde dann rückfällig, gemeinsam mit einer Frau, die ich dort kennen gelernt habe. Diese Frau und ich, wir sind dann in das Methadonprogramm gekommen, wir hatten aber „Beigebrauch", wie das so schön heißt. Die Frau war Diabetikerin. Sie nahm ihr Insulin nicht mehr und ist dann elendig in unserer Wohnung gestorben. Das war für mich der totale Schock. Ich bin zu einem Freund gezogen und habe in dem Schmerz sehr exzessiv Drogen genommen. Irgendwann kam ich an den Entscheidungspunkt, will ich da noch was machen oder will ich hinterher gehen zu ihr. Aus reinem Selbsterhaltungstrieb entschied ich mich für Narcotics Anonymus (eine Selbsthilfegruppe), von denen hatte ich schon mal gehört, und das war das Einzige, was ich noch nicht ausprobiert hatte.

Ich habe nicht geglaubt, dass das funktioniert, und dachte mir, wenn das nicht klappt, dann machste dich tot, der Goldene Schuss war schon eingeplant. Na ja, da gab es Entgiftung, Übergang, Nachsorge, das Zwölf-Schritte-Programm, das auch die Anonymen Alkoholiker benutzen. Da ist von einer unspezifischen höheren Macht die Rede, und das war für mich ganz gut, denn wegen dem Heim war ich sehr verbittert gegen Gott. Ich war regelmäßig in den Meetings. Die Taktik „nur für heut clean bleiben" hat mir sehr geholfen und wenn es ganz hart wurde, dann sagte ich mir: „Nur für diese Stunde". So ging das Tag für Tag. Ich habe da auch irgendwann angefangen zu beten, so in dem Stil „Gott, wer immer du bist ..." – und irgendwie habe ich schon gespürt, dass da Hilfe kam. Über vier, fünf Jahre war das ein täglicher Kampf. Meine Identität war, dass ich der Alfred bin, der süchtig war. In der Nachsorge hatte ich auch eine Freundin, die Depressionen hatte und ich wollte ihr da raushelfen. Das war eine ziemlich heftige Beziehung, mal waren wir getrennt, dann wieder zusammen, so ging das immer hin und her, monatelang, jahrelang.

Irgendwann erzählte sie von Gott und von Gemeinde, und ich dachte, das ist wieder so ein Tick von ihr. Vergiss es, habe ich ihr gesagt, aber sie war verändert, sie war wirklich ein anderer Mensch. Da hat irgendwer in kürzester Zeit geschafft, was ich in Jahren nicht gepackt habe, und das hat mich dann schon neugierig gemacht. Ich bin also mit in so einen Gottesdienst in Wiesbaden, und der war schon komisch, ich dachte, das sind alles Spinner. Im Lobpreis bin ich dann aber mit aufgestanden und habe mitgesungen. Und da ist es passiert.

Ich hatte ein warmes Gefühl, da kommt keine Droge mit. Und mir liefen die Tränen übers Gesicht, was undenkbar war, aber es war mir Wurst. Ich hatte das Gefühl, dass alles weggespült wird, alle Last und alle Probleme. Danach war ich glücklich – und neugierig. Wie früher wollte ich mehr davor, weil es ja gut getan hatte. Ich habe dann mit dem Thomas Herrmann, mit einem der Pastoren, geredet und so einen alpha-Kurs mitgemacht. Da konnte ich alle Fragen stellen, auch kritische. Das gab es vorher nicht, dass ich Zweifel anmelden konnte. Vor dem Abend, an dem der Kurs war, legte ich mir immer meine Fragen zurecht, und dann wurden die meist schon im Vortrag beantwortet. Ich bin dann nach Wiesbaden gezogen, näher an die Gemeinde.

Irgendwann in der Zeit war auch der Kampf ums Cleanbleiben vorbei. Seitdem passierte sehr viel. Ich habe Living Waters, ein seelsorgerliches Programm des CZWs, mitgemacht, und da hat eine Befreiung von meiner Beziehungslosigkeit angefangen, denn zu wirklicher Beziehung war ich ja eigentlich nie fähig. Ich habe nur immer geguckt, dass ich meinen Nutzen aus einer Beziehung gezogen habe. Ich konnte auch endlich vergeben, den Nonnen, den Eltern, das war ja vorher nie möglich. Bei der Therapie war es immer so, dass ich dachte, wenn ich mich wirklich öffne, dann falle ich in ein schwarzes Loch und alle laufen vor mir weg. Bei Living Waters war es so, dass ich mich nicht Menschen anvertraut habe, sondern Gott, und das bedingungslos.

Inzwischen bin ich verheiratet und arbeite als Altenpfleger. Zu dem Vorstellungsgespräch bin ich mit kurzen Ärmeln hin, so dass ich da meine Tattoos nicht versteckt habe. Mit den alten Leutchen komme ich prima zurecht, die fremdeln höchstens zehn Minuten.

Irgendwann ganz am Anfang in der Gemeinde, da hat Andreas für Kranke gebetet. Ich bin nach vorne gegangen, um für meine chronische Hepatitis C beten zu lassen. Ein paar Monate später nach dem Gebet war sie im Blut nicht mehr nachweisbar. In der Gemeinde habe ich auch meine jetzige Frau kennen gelernt. Ich hätte mir das früher nie vorstellen können, aber ich lebe jetzt glücklich mit meiner Frau und zwei Kindern und arbeite als Altenpfleger. Ich kann jetzt für mich sagen, ich bin von meiner Sucht geheilt. Eigentlich verdanke ich Gott, dass ich überhaupt noch lebe, ich habe ja so oft eine Überdosis gehabt, aber man hat mich immer noch rechtzeitig gefunden. Dass ich kein AIDS habe, ist auch ein Wunder.

Was ich jetzt weitergeben will, ist, dass es ein Trugschluss ist, dass, wenn man einmal ein Junkie ist, man immer ein Junkie bleibt. Mir hat mal ein Drogenberater gesagt: „Mit dir habe ich nur noch gesprochen, weil das mein Job ist." Damals galt ich als „untherapierbar" – ein hoffnungsloser Fall. Jetzt habe ich etwas Besseres gefunden. Ich hatte zwanzig Jahre Schuld auf mich geladen, das hätte mir ja nie ein Mensch nehmen können.

Erst dadurch, dass mir die Schuld genommen ist, kam ich aus dem Teufelskreis auch raus. Und wenn Gott das für mich tun kann, dann kann er das auch für andere.

Jesus, das Vorbild (Fortsetzung)

Alfred kann es bezeugen, weil er es selbst erlebt hat: Gott ist die Quelle des Lebens, die inmitten einer Welt sprudelt, die innerlich am Verdursten ist. Von dieser Quelle sagt der Prophet Jesaja 12, 3: „Ihr werdet Wasser schöpfen voll Freude aus den Quellen des Heils." Heil heißt für mich auch Heilung. Von den gleichen Quellen sprach auch Jesus: „Wer von mir trinkt, wird niemals mehr dürsten." Unser Dilemma ist, dass der Mensch neben diesen göttlichen Quellen verdurstet und an den Quellen der Bierzapfhähne krankhaft kompensiert.
Durch rationale Aufklärung wurde der Mensch zunehmend blind für die Wunderwirkungen Gottes. Es entstand eine Entfremdung von der Wunder wirkenden Welt Gottes und den Quellen des Heils. Wer gegen den Strom dieser Welt schwimmt und bewusst die Nähe Gottes sucht, erlebt in seiner Nähe seine Allmacht, Größe, Ewigkeit und tiefen inneren Frieden. Eine weitere genauere Beschreibungen seiner heilenden, wirkenden Gegenwart entzieht sich jedoch meinen blassen Worten. Aber ein Beispiel für wunderbare Heilung mit weitreichenden Auswirkungen zeigt die nachfolgende Geschichte.

Die Heilung des reichsten Mannes der Welt

Vor langer Zeit hielt man Rockefeller für den reichsten Mann der Welt. Schon als junger Mann schien er alles zu haben. Strotzend vor Gesundheit und Willenskraft machte er bereits mit dreiunddreißig Jahren seine erste Millionen Dollar. Zehn Jahre später war er stolzer Besitzer eines finanziellen Imperiums, das gleichzeitig das größte Geschäftsunternehmen seiner Zeit war. Bereits nach weiteren zehn Jahren war er der erste Milliardär und somit der reichste Mann seiner Zeit. Bis zu diesem Zeitpunkt schien alles glatt gelaufen zu sein, doch auf einmal schien sich das Blatt zu wenden.

Erfolg und Reichtum präsentierten ihre Rechnung in Form einer bitteren Pille. Rockefeller hatte eine extrem angeschlagene, angegriffene Gesundheit. Obendrein litt Rockefeller an Alopezie, einer Krankheit, bei der er Kopfhaare, Wimpern und Augenbrauen verlor, was ihm in seiner kranken Verfassung das Aussehen einer lebendigen Mumie gab. Einer seiner Biographen schrieb damals: „Sein wöchentliches Einkommen betrug eine Millionen Dollar, aber seine Verdauung war so schlecht, dass er nur noch vertrockneten Zwieback und Milch vertrug." Rockefeller war so einsam wie eine Auster.

Einmal bekannte er, dass er immer den Wunsch gehabt habe, geliebt zu werden. Doch es fehlte ihm die Erkenntnis, dass nur solche Menschen geliebt werden, die Wärme ausstrahlen. Der ungeheure Reichtum, den er angesammelt hatte, gab ihm weder Frieden noch Glück. Das viele Geld erwürgte ihn offenbar, er konnten nicht mehr schlafen und er konnte sich über nichts mehr freuen. Sein Gesichtsausdruck war der eines uralten Mannes. Alle waren sich einig, dass er keine zwölf Monate mehr leben würde. Die Zeitungsschreiber hatten seinen Nachruf bereits geschrieben und in ihren Archiven stets griffbereit liegen.

Doch eines Tages nahm Rockefellers Leben eine neue Wende. Während einer der vielen Nächte, in denen er wach liegend, vom Gewissen geplagt in sich hineingrübelte, keimte in ihm eine fundamentale Erkenntnis. Er erkannte, dass er keinen einzigen seiner vielen Dollars in die jenseitige Welt mitnehmen könnte. Rockefeller begann nun etwas, was für ihn ganz untypisch war: Er stellte den Wert des Geldes in Frage. Während seiner aufrichtigen Suche nach Sinn im Leben begegnete ihm Gott, den er von nun an zur Quelle seines Lebens machte. Ihm wurde sehr schnell klar, dass seine Milliarden und der Status, den das Geld mit sich brachte, ihm keinen Nutzen bringen würden, wenn er eines Tages vor Gottes Thron stehen würde. Der todgeweihte Rockefeller beschloss, mit seinem Geldberg ein Segen für Menschen zu werden. Er begann Gutes zu tun und unterstützte unter anderem verschiedene Missionsgesellschaften, den CVJM, die Baptisten und sozial-karitative Einrichtungen wie Waisenhäuser. Das göttliche Segensprinzip Jesu „Gebt, so wird euch gegeben!" begann ein Wunder in seinem Leben zu wirken. Rockefeller fing wieder an, tief und fest zu schlafen. Lebensfreude stellte sich ein, und er konnte wieder jede Speise zu sich nehmen. Für den einsamen Rockefeller untypisch war es, dass er begann, zum ersten Mal echte Freunde zu haben. Dankbarkeit und Liebe, die ihn innerlich erfüllten, veränderten sein Leben ganz und gar. Noch mit dreiundfünfzig Jahren war Rockefeller ein von Krankheit gezeichneter Todeskandidat. Als er sich jedoch auf Gott einließ und anfing, Gutes zu tun, strömte göttlicher Segen in sein Leben.

Rockefeller erreichte nicht nur seinen vierundfünfzigsten Geburtstag, sondern er starb lebenssatt im Alter von achtundneunzig Jahren. Nicht nur Rockefeller erlebte das heilende Lebensprinzip aus Jesaja 58: „Nein, das ist ein Fasten, wie ich es liebe: die Fesseln des Unrechts zu lösen, die Stricke des Jochs zu entfernen, die Versklavten freizulassen, jedes Joch zu zerbrechen, an die Hungrigen dein Brot auszuteilen, die obdachlosen Armen ins Haus aufzunehmen, wenn du einen Nackten siehst, ihn zu bekleiden und dich deinen Verwandten nicht zu entziehen. Dann wird dein Licht hervorbrechen wie die Morgenröte, und deine Wunden werden schnell vernarben. Deine Gerechtigkeit geht dir voran, die Herrlichkeit des Herrn folgt dir nach" (Verse 6-9)

Auch unsere Heilung wird Fortschritte machen und, wie die Morgenröte, langsam aber sicher durchbrechen, wenn wir Gottes Lebensprinzipien wie John Rockefeller folgen. Wenn alle seelisch-nervlich angeschlagenen Menschen den Prinzipien Gottes folgten, die in der Bibel zu finden sind, gäbe es mit großer Sicherheit viel weniger Menschen, die im Zustand chronischer Dauerseelsorge und körperlichen Leidens armen geduldigen Seelsorgern die Zeit rauben würden, und sie würden obendrein deren Nerven schonen.

Gott richtet den heilenden Strahl seiner Sympathie und Liebe immer wieder auf Menschen, die anfangen, ihn zu suchen und zu lieben. Göttliche Heilung ist ein Merkmal menschlichen Geisteslebens, gebo-

> **Gott richtet den heilenden Strahl seiner Sympathie und Liebe immer wieder auf Menschen, die anfangen, ihn zu suchen und zu lieben.**

ren aus der Nähe Gottes. Jenseits aller Heilungssuche brauchen wir wie Rockefeller einen Raum, in dem wir Anbetung, Stille und Gemeinschaft mit Gott genießen können. All die Heilungen, die hier beschrieben sind, sind eine Auswirkung dieser aufgesuchten Gottesnähe. Auch Sie können in den Genuss kommen, mit Freuden aus den Quellen des Heils unseres Gottes zu schöpfen.

Warum die Dinge im Leben von Christen nicht immer glatt laufen

Um es gleich vorweg zu sagen: Ich glaube nicht an ein schmerzfreies Wunderlampenevangelium, nämlich dass wir, bildlich gesprochen, nur an ein paar Verheißungen der Bibel reiben, um somit sofort den Lebenserfolg für unsere Lebenssituation zu haben. Das ist eine Form überzogenen charismatischen Zauberdenkens, mit der dieses Buch nichts gemein hat. Woran ich aber glaube, ist Folgendes:

- Wir bitten Gott um Glauben, und plötzlich türmt sich vor uns ein Berg auf, den es im Glauben zu versetzen gilt.
- Wir bitten Gott, dass er uns in der Gnade wachsen lässt, und er schenkt uns Gnadenproduzenten (jene Menschen, die uns das Leben schwer machen, damit wir in der Gnade wachsen).
- Wir bitten Gott um Stärke, und er schickt uns ein Problem, durch das wir stark werden.
- Wir bitten Gott, uns zu Überwindern zu machen – und er stellt uns in eine Situation, in der wir etwas zu überwinden haben.
- Wir bitten Gott um eine geistliche Position, und er gibt uns Verantwortung.
- Wir bitten Gott um einen Heilungsdienst, und plötzlich werden sämtliche Familienmitglieder krank.

Warum gehen wir durch das, wodurch wir gehen? Weil Gott einen Plan mit uns hat und an uns arbeitet. Wir müssen lernen, Gottes geniales Ausbildungsprogramm hinter den Schwierigkeiten zu erkennen, durch die wir gehen. Denn bei ihm wirken ja alle Dinge zum Besten. Erst wenn wir durch etwas gegangen sind, zeigt sich, ob wir geistlich etwas gelernt haben. Es wird sich an der Art und Weise zeigen, wie wir auf die Umstände des Lebens reagieren, zum Beispiel auf Krankheit.

Glauben für Krisenzeiten aufbauen

Ich glaube, dass es eine charismatische Irrlehre gibt, die uns lehrt, dass wir durch nichts Schweres mehr gehen, wenn wir Glauben haben. Zum Beispiel könnte sich das in folgender Formulierung ausdrücken: Wenn Sie Glauben haben, werden Sie nicht krank.

Wenn wir durch nichts gehen, woher wollen wir dann wissen, ob wir im Glauben gewachsen sind oder nicht? Gerade in unseren Krankheitsstürmen zeigt sich, wo wir wirklich in unserer Beziehung zu Gott stehen. In unserer Krankheitszeit haben wir eine Hausaufgabe erhalten, bei der wir mit ihm zusammen ans Werk gehen sollten. Zum Überwinden eines Problems brauchen wir Glauben. Ihr Glauben ist jene gestaltende Kraft, die Gott bereits in Sie gelegt hat und die auf frische Anwendung wartet. Glaube ist wie ein Öl, mit dem Sie die Widerstände Ihres Lebens überwinden. Was Elektrizität für das Licht ist, ist Ihr Glaube für das Wunder. Mit Ihrem Glauben lässt Sie Gott aus den Stolpersteinen echte Bausteine des Lebens machen. Für die Bausteine hat er dann wiederum einen speziellen Plan. Gerade in Sachen Heilung wollen wir in der Regel ein göttliches Instantresultat, weil wir einer geistlichen Mikrowellengeneration angehören, die alles hier, sofort und jetzt erledigt haben will. Wenn Gott nicht sofort Ihr Gebet erhört, sind Sie von Gott enttäuscht und schmollen.

> **Echter Glaube kann sich wartend an Gottes Verheißungen anlehnen.**

Lieber Leser, auch das ist kein Glaube, sondern nichts anderes als Ungeduld.

Echter Glaube kann sich wartend an Gottes Verheißungen anlehnen. Die Bibel erklärt, dass es ohne Glauben unmöglich ist, Gott zu gefallen, und sie betont auch, dass der Gerechte (Mann oder Frau) aus Glauben lebt. Echter Glauben, der Krankheitsberge versetzt, fängt mit jener höheren Instanz an, die größer ist als wir selbst, nämlich bei Gott.

Glaube ist ein konzentriertes völliges Vertrauen in einen guten Gott, es ist ein tiefes Wissen, dass all meine Hilfe von meinem Gott kommt, der mich nicht verlassen noch versäumen wird, ganz egal, durch welche Stürme ich beispielsweise gerade jetzt mit meinem Körper gehe.

"Denn ich, ich kenne meine Pläne, die ich für euch habe – Spruch des Herrn –, Pläne des Heils und nicht des Unheils; denn ich will euch eine Zukunft und eine Hoffnung geben." (Jeremia 29, 11)

Die im folgenden geschilderte Heilung zeigt Glauben aus zwei Perspektiven – einmal den Glauben der Mutter, dass Gott ihr Kind heilen will, und einmal den Glauben des Kindes, das diese Heilung ernst nimmt und auch gleich ausprobiert. Aber lesen Sie selbst ...

Andre Besier – ein Kind wird geheilt

Schon als Kleinkind musste André Besier ins Krankenhaus, weil er einen Schädelbruch hatte. Mit gerade mal zwei Jahren war die Trennung von den Eltern – herausgerissen aus seinem heimischen Umfeld – eine enorme psychische Belastung für ihn, ohne dass er es artikulieren konnte. Sein kleiner Körper streikte: Er bekam Neurodermitis.

Von diesem Zeitpunkt an war seine Haut an mehreren Stellen offen und blutete. Besonders stark betroffen waren die Gelenkbeugen der Arme und Beine. Die Haut platzte auf und juckte, er hatte rote Augenränder. Es tat weh, jeder konnte das sehen. An normales Spielen war nicht zu denken, aber keiner konnte etwas dagegen tun. Und André durfte nicht kratzen ...

Die Ärzte wussten auch nicht weiter und gaben folgenden Rat: "Da müssen Sie selbst ausprobieren, was hilft." Die Familie stellte sich darauf ein. Sie fand heraus, was linderte, und kochte schonend, buk das Brot selbst. Für André hielten sie sich alle an eine besondere Diät. Zunächst ist es durch die kontrollierte Ernährung auch besser geworden. Zumindest gab es keine akuten Ausbrüche mehr, sondern nur ein ständiges Jucken. Aber wenn er auf einem Geburtstag auch nur ein halbes Stückchen Kuchen oder einen Riegel Schokolade essen wollte, war da immer die alte, vertraute Angst: "Halt! Es kommt bestimmt wieder zum Ausbruch."

Ein halbes Jahr, bevor die Heilung tatsächlich eingetroffen ist, hatte Sonja beim Brotbacken plötzlich das Gefühl, dass André geheilt werden würde. Dass er eben nicht sein ganzes Leben Neurodermitis haben würde. Und seitdem hat sie ihren Sohn behutsam auf seine Heilung vorbereitet: „André, du weißt, dass Gott dich heilen kann."

An einem Heilungsgottesdienst holte die Mutter ihren Sohn aus dem Kinderraum und sagte zu ihm: „Du, André, ich würde gerne jetzt für dich beten lassen." Also gingen sie nach vorne, als Gebet für chronische Krankheiten angeboten wurde.

Nach dem Gebet sagte André: „Ich geh jetzt heim und ess ALLES!!" Das tat er auch sofort: Ein ganzer Käsekuchen musste dran glauben. Sonja war noch ein wenig mulmig, ob das gut gehen würde, aber sie sagte nichts und wartete ab ... und es zeigte sich keine Veränderung der Haut!

Für André war die Sache klar: Im Brustton der Überzeugung verkündet er immer wieder: „Gott hat mich geheilt." Dreieinhalb Jahre Leidenszeit lagen nun hinter ihm. Manchmal kamen seiner Mutter noch Zweifel und sie schaute nachts nach, ob nicht doch alles wieder von vorne losgehe oder ob er auch wirklich geheilt war.

Sonja kann nur staunen: „Das ist echt Gottes Wunder! Und es ist auch nichts mehr zurückgekommen! Es ist so toll!" Das Gebet ist jetzt drei Jahre her, und die Neurodermitis von André gehört der Vergangenheit an.

Glauben für Krisenzeiten aufbauen (Fortsetzung)

Haben Sie Glauben an Ihren Gott, der an Sie glaubt. Vielleicht sind Sie unsicher darüber, ob Sie genügend Glauben haben. Ich möchte Sie gerne ermutigen und mit einer Tatsache verdeutlichen, dass doch bereits genug Glauben in Ihnen vorhanden ist. Sollten Sie schon eine persönliche Beziehung zu Jesus haben, so ist der Heilige Geist bereits in Sie eingezogen. Und dort, wo unser lebendiger, gestaltender Gott einzieht, findet man immer Glauben. Gemäß Römer 12, 3 hat er sogar schon ein Maß des Glaubens zur freien Verfügung in Ihnen angelegt. Diesen Tatsachen sollten Sie fest vertrauen und Gott im Gebet für Ihren Glauben danken. Lieber Leser, glaube an Gott und habe Glauben an deinen Glauben. Vielleicht fragen Sie sich auch, wie kann ich diesen Glauben noch steigernd für meine Heilung mobilisieren? Auch hier gibt es einen biblischen Weg, der vielen systematisch Schritt für Schritt auf dem Weg zu ihrer Heilung geholfen hat. Lassen wir hierzu die Bibel sprechen: „**Also kommt der Glaube aus der Verkündigung, und die Verkündigung durch das Wort Christi.**" Wenn wir diese Aussage zusammenfassen, dann können wir sagen, dass der Glaube aus dem Hören des Wortes Gottes kommt. Fangen Sie an, Ihren Glauben mit den wunderbaren Heilungsberichten aus den Kapiteln 8 und 9 aus dem Matthäusevangelium zu füttern. Wenn Ihre Glaubenswelt obendrein mit Gottes Heilungszusagen erfüllt ist, werden Sie allmählich bereit für Gottes Eingreifen. Bitte konzentrieren Sie sich nicht auf das Problem, sondern auf den Heiler Jesus Christus und seine Verheißung. Meditieren Sie betend über den Schriftstellen im Anhang dieses Buches, die Ihnen zeigen, was Jesus für Sie getan hat. Lassen Sie die heilende Kraft des Wortes in Ihren Geist eindringen und wirken.

> „Denn Leben bringen sie (die Worte Gottes) dem, der sie findet, und Gesundheit seinem ganzen Leib." (Sprüche 4, 22)

Fangen Sie an, mit Ihrem Glauben diese Wahrheiten für sich in Anspruch zu nehmen, und danken Sie Gott für seine Heilkraft, die in Ihnen beginnt, die Heilung voranzubringen. Danken Sie ihm auch dafür, dass er über allem sein Wort achtet, dass es das ausrichtet, wozu er es ausgesandt hat.
Die Gegenwart Gottes verändert. Sie kann schöpferische Wunder hervorbringen. Das, was nicht ist, kriegt alleine durch die Gegenwart Gottes einen heilenden Wachstumsimpuls. Um hier ein Bild aus der Natur zu bringen: Ähnliches passiert, wenn ein Vogel brütend auf seinen befruchteten Eiern sitzt. Die Eier enthalten nichts anderes als Flüssigkeit ohne Gestalt, aber durch die Vogelmutter, die mit ihrer Gegenwart immer wieder auf den Eiern sitzt, nimmt die ungeformte Flüssigkeit in der Schale allmählich Gestalt und Form an. In gleicher Weise wirkt die heilende Gegenwart Gottes, der wir uns aussetzen,

sich verändernd auf unseren Körper aus. Nicht Gott wird verändert, sondern etwas verändert sich in unserem Körper, wenn wir in seiner Gegenwart sind. Das ist ein Prozess.

Tragisch ist es, wenn Menschen, die einen Heilungsgottesdienst besuchten und geheilt in ihre Heimatgemeinde zurückkehren, dort von ihrem Pastor oder Pfarrer hören: „Sie glauben doch nicht etwa an den Humbug, dass Gott heute noch heilt?", und somit dem neu gewonnenen Glauben einen erheblichen Tiefschlag verpassen. Vertrauen Sie Gott mehr als denen, die ohne es zu wissen mit ihrem Unglauben zu den Elefanten in Gottes Porzellanladen gehören.

Auch, wenn noch keine sichtbaren Zeichen einer Heilung vorhanden sind, so hat seine heilende Kraft doch schon begonnen, in Ihrem Körper zu arbeiten. Diesen Prozess möchte ich mit der Sonnenbräunung vergleichen. Wer einmal in die Sonne geht, ist deswegen noch nicht unbedingt braun. Bräunung kommt durch regelmäßiges Sichaussetzen der Sonnenstrahlen zustande. Setzen Sie sich regelmäßig im Gebet der heilenden Gegenwart Gottes aus, und Sie werden den Unterschied schon merken.

Was mache ich mit einer prozesshaften Heilung?

Da in der Regel die Aufmerksamkeit in Heilungsgottesdiensten auf der Spontanheilung liegt, die eigentlich der Kategorie Wunder zuzuordnen ist, vergessen wir, dass Heilung im Allgemeinen eigentlich etwas Prozesshaftes ist, was seine Zeit braucht. Lassen Sie sich nicht von den vielen Spontanheilungen irritieren, denn Gott ist in gleicher Weise bei Ihnen am Wirken – nur etwas langsamer. Jesu Worte „Ihr sollt die Hände auf die Kranken auflegen, und es wird besser werden" deutet auf ein prozesshaftes Geschehen hin. Die Heilung ist zwar geistlich im Glauben durch Gebet schon fest empfangen, sie manifestiert sich jedoch oft nur schrittweise über eine gewissen Zeitraum. Wenn Sie also im Glauben Gebet empfangen haben, sollten Sie Gott für die Heilung danken.

Sie mögen keine sofortigen körperlichen Veränderungen spüren, aber Sie sollten wissen, dass Gottes Heilungskraft sich an ihrem Körper zu schaffen macht. Sie sehen das Gras doch auch nicht wachsen, oder? Geben Sie Gott Zeit wie Ihrem Rasen und beobachten Sie, was passiert. Normalerweise erhält man nach einem Arztbesuch Medikamente in Tablettenform. Der Arzt sagt dann genau, wie viel wir davon nehmen sollten. Nachdem Sie eine Tablette geschluckt haben und noch kein Ergebnis sehen, werfen Sie doch auch nicht die ganze Packung in den Müll. Wenn Sie zum Beispiel im Heilungsgottesdienst Gebet erhalten haben, sollten Sie auch darüber hinaus Ihre geistliche Medizin täglich einnehmen. Diese Medizin ist nichts anderes als das Wort Gottes. Nach Psalm 126 „Er sandte sein Wort und heilte sie" begießen Sie also den Rasen ihrer fortschreitenden Heilung! Wenn Sie das tun, nehmen Sie das Wort Gottes täglich zu sich.

Ist Glauben für unsere Heilung wirklich so wichtig?

Die Betonung, dass unser Glaube für unsere Heilung sehr wichtig ist, ist nicht die Erfindung einiger überdrehter Glaubensprediger aus den USA. Jesus selbst betont die Wichtigkeit des Glaubens. Als ein Hauptmann aus Kapernaum den Glauben für eine Fernheilung hatte und Jesus bat, seinen Diener zu heilen, der von einer Krankheit schrecklich gequält wurde, erhielt dieser folgende Antwort: „Und zum Hauptmann sagte Jesus: **Geh! Es soll geschehen, wie du geglaubt hast.** Und der Diener wurde gesund in jener Stunde." (Matthäus 8, 13) Als die blutflüssige Frau im Glauben für ihre Heilung das Gewand Jesu berührt hatte, sagte Jesus zu ihr: „Meine Tochter, **dein Glaube hat dir geholfen.** Geh in Frieden! Du sollst von deinem Leiden geheilt sein." (Markus 5, 34) Überflüssig zu erwähnen, dass die Frau von der Stunde an geheilt war.

Als Jesus mit Jairus unterwegs zu dessen Haus war, um seine todkranke Tochter zu heilen, kommt ihnen ein Mitarbeiter des Jairus entgegengerannt. „Jairus, deine Tochter ist gestorben, was bemühst du den Meister noch?" Jesus wendet sich liebevoll und voller Glauben tröstend zu Jairus und sagt: „**Fürchte dich nicht, glaube nur.**" (Markus 5, 36) Die Kleine wurde von den Toten auferweckt. Als Jesus Jairus' Haus verließ, schrieen zwei Blinde:

> „Du Sohn Davids, erbarm dich unser." Jesus fragte die beiden: „Glaubt ihr, dass ich solches tun kann?" Sie antworteten: „Ja, Herr." Da berührte er ihre Augen und sagte: „**Euch geschehe nach eurem Glauben.**" Und ihre Augen waren geöffnet. Nachdem er ins Haus gegangen war, kamen die Blinden zu ihm. Er sagte zu ihnen: „Glaubt ihr, dass ich euch helfen kann?" Sie antworteten: „Ja, Herr." Darauf berührte er ihre Augen und sagte: „**Wie ihr geglaubt habt, so soll es geschehen.**" (Matthäus 9, 28-29)

Von diesen Beispielen, bei denen Jesus den Glauben betont, gibt es in der Bibel noch wesentlich mehr. Aber schon anhand dieser wenigen Beispiele können wir sehen, dass unser Glaube eine Schlüsselfunktion für den göttlichen Heilungsprozess hat.

Jesus zeigt uns also einen Weg auf, wie wir die göttlichen Segnungen und Heilungen empfangen können. Wie wir bereits wissen, hatte er die Bedeutung des Glaubens sehr häufig betont: Er sagte, „was ihr bittet im Gebet, glaubt nur, dass ihr's empfangt, so wird es euch werden." (Markus 11, 24)

Die drei Schlüsselbegriffe in seiner Aussage sind erstens Bitten, zweitens Glauben und drittens Empfangen.

Das erste, was Jesus für ein Wunder voraussetzt, ist, dass wir bitten.

Der zweite Schritt auf das Wunder zu lautet: „Glaubt nur, dass ihr es empfangen habt." Mit anderen Worten – Sie sehen es noch nicht, aber Sie glauben einfach, dass es so sein wird. Echter Glaube im Sinne Jesu spricht: „Ich danke dir, Vater im Himmel, dass du mich bereits jetzt erhört hast. Obwohl ich es weder sehe noch fühle, noch in meinen Händen halte, danke ich dir, dass du mich erhört hast."

Das Schöne ist, dass Jesus das, was er lehrte, auch selber praktizierte. Jesus war zutiefst innerlich bewegt, als er am Grab seines Freundes Lazarus stand, dessen Leichnam nach vier Tagen schon heftig zu stinken begann. Jesus betete im Glauben, als er sagte: „Ich danke dir, dass du mich erhört hast." (Johannes 11, 41) Jesus ging ganz einfach davon aus, dass er etwas empfangen würde. Genau diese vertrauensvolle Glaubensposition gilt es einzunehmen, nachdem wir Gott unser Anliegen präsentiert haben. Jesus motiviert uns, indem er sagt: Glaubt nur, dass ihr es empfangen habt. Wir können sagen: Auch wenn ich es noch nicht sehe, glaube ich, dass ich empfangen habe und dass es mir zuteil wird.

Der dritte Schritt auf das Wunder zu lautet: „Es wird Euch werden". Dieses deutet ein prozesshaftes Werden oder Geschehen an, das sich konkret langsam aber sicher manifestiert. Der Zeitraum hierfür liegt ganz in Gottes Händen.

Nur – was ist das eigentlich – Glauben?

Jedes Kind kann diese Frage stellen. Die Bibel hat auch eine Definition parat: „Glaube aber ist: Feststehen in dem, was man erhofft, überzeugt sein von Dingen, die man nicht sieht." (Hebräer 11, 1) Über diese Definition haben sich schon gelehrte Köpfe so manche Stunde das Hirn zermartert.

Dabei ist jedem von uns klar, was Glauben NICHT ist. Wer im Glauben, geheilt zu sein, so fanatisch ist, dass er seine Brille zertrampelt, um anschließend doch gegen Laternenpfähle zu rennen, macht uns vor, dass er somit offensichtlich nicht geheilt ist. Dieser Mensch irrt sich gewaltig, wenn er meint, Gott mit seiner Glaubenstat beeindrucken zu können. Obendrein hat er noch das Problem, wie er das nun seiner Krankenkasse erklären will …

Sollten Sie Ihre Heilung im Glauben schon empfangen haben, so danken Sie Gott im Stillen für Ihre Heilung, ohne lauthals zu verkündigen, Sie seien geheilt. Wer mit einer überzogenen lauten Glaubensproklamation über Bord geht, die noch nicht mit der sichtbaren Realität übereinstimmt, bringt den Heilungsdienst Jesu in Verruf. Bitte geben Sie Ihre Heilung erst dann bekannt, wenn die Heilung im Physischen eindeutig nachvollziehbar ist. So lange Sie noch nicht körperlich geheilt sind, sollten Sie weiterhin die Praxis Ihres Arztes aufsuchen oder auch den Arzt und Heiler konsultieren, der ohne Praxis praktiziert. Das ist kein Zeichen des Unglaubens, genauso wenig wie eine laut herausposaunte Heilung ein Zeichen des Glaubens ist.

Glaube ist auch nicht Magie, er bedeutet auch nicht, dass man etwas nur genug wollen muss, dann wird es schon wahr. Der Gedanke „Wenn ich nur genug will, dass es wahr wird, dann passiert es auch" entlarvt sich selbst. Das verräterische Wörtchen „ich" zeigt es allzu deutlich: Wenn ich nur genug will – es geht hier nicht um das, was Gott will. Glaube ist eben nicht die Wiedergeburt der schieren Willenskraft unter einem anderen Namen – die Bibel sagt eindeutig, dass es eben nicht an dem liegt, was jemand will oder aus eigener Kraft packt, sondern an Gott allein.

Deswegen denke ich, dass der Schlüssel zum Glauben sich gar nicht so sehr bei uns findet, sondern vielmehr in Gott. Vielleicht kann man Glaube sehr alltagsnah definieren als das, was ich Gott zutraue, das er tut. Dieses Zutrauen wächst aus Erfahrung, es wird genährt aus einer

Beziehung. Es fängt im Kleinen an und macht dann auch vor großen Dingen nicht Halt.

Ich merke in unseren Heilungsgottesdiensten auch, dass mal mehr, mal weniger Glauben da ist.

Es geht nicht nur darum, was man Gott ganz generell so prinzipiell zutraut, sondern was man ihm heute, im Hier und Jetzt, in diesem Moment zutraut. Wenn in einer Heilungsveranstaltung alle ihren Glauben in diesem Moment zusammenlegen, dann kommt oft das Gewicht eines Senfkorns zusammen, mit dem sich so mancher Krankheitsberg ins Meer des Vergessens versenken lässt.

Es geht nicht nur darum, was man Gott ganz generell so prinzipiell zutraut, sondern was man ihm heute, im Hier und Jetzt, in diesem Moment zutraut.

Wenn die Bibel sagt, dass der Glaube aus dem Hören des Wortes Gottes kommt, dann unterstreicht das nur die Wichtigkeit dieser Beziehung. Es ist mir fast peinlich, eine derart offensichtlich rhetorische Frage zu stellen, aber: Kann man mit den Ohren von jemand anderem hören?

Nur das, was Gott zu uns gesagt hat, nur das, was wir selbst gehört haben, nur das kann uns zu den Balken werden, aus denen die Brücken gebaut sind, die schwankend über den Abgründen des Lebens hängen.

In den Heilungsgottesdiensten kommt es manchmal vor, dass ich denjenigen, der Gebet empfangen will, frage: „Siehst du den Glauben in meinen Augen?" Das hat schon einige überrascht. Aber dieses Zutrauen in Gott kann man einem Menschen abspüren und sogar ansehen.

Nach diesen Überlegungen möchte ich gerne wieder ein Beispiel für den Glauben aus der Praxis der Heilungsgottesdienste bringen.

Man sagt das nicht gerne, aber als Hilda Sieb zu uns in den Gottesdienst kam, war sie ein echtes Bild des Jammers. Ihre Tochter und ihre Enkelin hatten sie in den Gottesdienst gebracht. Frau Sieb konnte nicht stehen, um Gebet zu empfangen, dafür war sie bereits zu schwach. Man sah ihr das Alter von 84 Jahren an, und sie wirkte sehr zerbrechlich. Ehrlich gesagt, ich musste überlegen, was ich für sie beten sollte – darum, dass sie nach Hause geht zu dem Herrn, mit dem sie ihr ganzes Leben gelebt hat, oder ob ich darum beten sollte, dass Gott ihr noch einmal richtig Kraft gibt. In der Bibel steht, dass Gott den Alten und Müden Kraft gibt (Jesaja 40, 31) – hier war jetzt das Experiment, ob das wirklich stimmte. Aber lassen wir Frau Sieb selbst zu Wort kommen:

Hilda Sieb erzählt

Nach zwei Darmoperationen mit schwer wiegenden Komplikationen, einiger Gallenblasenentzündungen sowie Entzündungen der Bauchspeicheldrüse und der Entfernung beider Eierstöcke wegen eines bösartigen Tumors ging es mir sehr schlecht. Insgesamt war ich mit kurzen Unterbrechungen sechs Monate in verschiedenen Krankenhäusern. Ich hatte in dieser Zeit sechzehn Kilogramm Körpergewicht verloren.

Bei meinem letzten Krankenhausaufenthalt im November 2000 erfuhr ich von meiner Tochter Marlene Rein und meiner Enkelin Anja Kaschwich, dass im CZW ein Heilungsgottesdienst stattfinden würde. Ich entschloss mich, daran teilzunehmen. Während Andreas für mich betete, spürte ich die Kraft Gottes durch meinen Körper strömen. Ich vertraute fest darauf, dass Gott mich heilen wollte. Mit dieser Gewissheit verbrachte ich die restliche Zeit im Krankenhaus und darüber hinaus bis heute. Mir geht es gut, und ich habe schon wieder acht Kilo zugenommen, was ich als ein gutes Zeichen ansehe. Bei meinem letzten Arztbesuch vor etwa fünf Wochen erfuhr ich, dass meine Tumorwerte normal seien und Leber und Galle einen unauffälligen Befund zeigten.

Abschließend möchte ich noch sagen, dass alle Gläubigen in meiner Familie während dieser schweren Zeit dem Herrn in den Ohren lagen. Manchmal geht der Herr auf Wünsche ein. In meinem Fall hat er die Gebete erhört.

Ich danke dem Herrn Jesus in der Gewissheit, dass auch meine Zukunft bei ihm in den besten Händen liegt. Ihm sei alle Ehre.

Anmerkung: Im Januar 2001 waren die drei Generationen wieder versammelt, und ich habe Frau Sieb nicht wiedererkannt – sie sah aus wie das blühende Leben! Und das ist bis heute so geblieben.

Heilung durch Glauben in Aktion bei vielen Menschen

In jeder Veranstaltung, in der der Heilige Geist am Wirken ist und die Zeit zum Heilen gekommen ist, ist die Kraft Gottes zum Greifen nahe. Jetzt heißt es für die Gottesdienstbesucher, wie Petrus aus ihrem Boot der Sicherheit zu klettern und Glauben in Aktion zu praktizieren. Es gibt vier Bereiche, in denen ich schon hunderte von Malen Gottes Heilungskraft am Wirken sah, und zwar bei ganzen Gruppen. Für die Leute unserer Gemeinde ist dies leider schon selbstverständlich. Die meisten Menschen in unseren Heilungsveranstaltungen scheinen Probleme im Nacken (abgenutzte Wirbelkörper, versteifte, eingeklemmte Nerven oder anderes), im Rücken (Skoliose, verschobene Wirbelkörper, Bandscheibenvorfälle mit entsprechenden Schmerzen durch eingeklemmte Nerven), den Armen (Tennisarm), der Schulter (Bursitis), dem Knie (oft Artrose, Sportverletzung, Probleme mit den Bändern, Schmerzen) oder den Füßen zu haben (Sprunggelenkprobleme, Fersensporn, Warzen und so weiter). Viele werden auf ihren Plätzen geheilt und manche nach dem Verfahren der Handauflegung. Die Heilung setzt in der Regel erst dann ein, wenn a) die Kraft Gottes den Raum erfüllt hat und b) die Leute etwas tun, was man Glauben in Aktion nennt. In dem Moment, wenn ich spüre, dass Gott diesen Bereich heilen möchte und mein Gebet gesprochen habe, bitte ich die Leute, etwas zu tun, was sie zuvor nicht tun konnten, zum Beispiel den Arm bewegen, auf dem schmerzenden Fuß aufzutreten, Beine anzuheben oder in die Beuge zu gehen bei Rückenschmerzen. Der Schmerz ist dann in der Regel auch tatsächlich weg. Da die Heilung von Gottes Seite für diesen orthopädischen Bereich freigegeben ist, geschieht eine Heilung nach der anderen. Ein Mann, der unseren Gottesdienst besuchte und seit der Kindheit an chronischen Schmerzen in Kreuzbein und Steißbein litt, wurde so spontan auf seinem Platz geheilt. Diese Heilung ist anderthalb Jahre her, der Mann ist immer noch schmerzfrei.

Eine Frau, die unter einer schmerzhaften Bursitis (eine Gelenkentzündung) in beiden Schultern litt und ihre Arme nicht mehr heben konnte, wurde spontan geheilt, als sie ihre Arme, die sie monatelang nicht heben konnte, meiner Aufforderung folgend in dem Moment hochhob, als die Kraft Gottes zum Heilen da war. Denn ihr Glaube verband sich so mit der freigesetzten Heilungskraft Gottes. In dem Moment, wo sie ihre Arme hob, war der Schmerz sofort verschwunden. Beispiele wie diese gibt es auf jeder Heilungsveranstaltung. Viele Menschen mit sogenanntem Karpaltunnelsyndrom oder Tennisarm wurden auf diese Weise geheilt. Eine von ihnen kam durch die Heilung sogar zu einer gewissen Prominenz, denn sie wurde vom ZDF für die Sendung „Volle Kanne Susanne" samt ihrem Arzt interviewt.

Das biblische Verfahren, an das ich mich hierbei halte, ist dem Dienst Jesu entliehen. Wir nannten es bereits Glauben in Aktion. In Matthäus 12, 10 und 13 heißt es:

> „Dort saß ein Mann, dessen Hand verdorrt war. ... Dann sagte er zu dem Mann: Streck deine Hand aus! Er streckte sie aus, und die Hand war wieder ebenso gesund wie die andere."

Natürlich hätte der Mann zweifeln können, wie etliche auch es in diesem Moment vielleicht tun. Er hätte denken können, „meine Hand ist seit vielen Jahren, seit jenem Unfall verdorrt, ich kann sie ja gar nicht ausstrecken." Genau das tat der Mann jedoch nicht, weshalb er seine Heilung spontan empfing. Wir haben in unseren Gottesdiensten auch beobachten können, dass viele nicht geheilt wurden, die den Impulsen des Heiligen Geistes nicht folgten, als die Kraft zum Heilen da war. Menschen folgten in ihren Handlungen Jesus, zum Beispiel als er zum Gelähmten sagte, steh auf, nimm dein Bett und geh. Oder bei seiner scheinbar merkwürdigen Aufforderung an einen Blinden, dem er eine Art Teig aus dem eigenen Speichel und Staub gemacht hatte und auf die Augen tat und zu dem er dann sagte: „Geh zum Teich Siloah und wasch dich." Da ging er hin und wusch sich und kam sehend zurück. (Johannes 9, 6-7).

Die Heilung setzte exakt dann ein, als der Mann Glauben in Aktion praktizierte und dem eigenartigen Befehl folgte, sich in besagtem Teich zu waschen. Wäre er nicht gegangen, hätte er sich frustriert den Brei von den Augen gerieben. Manchmal müssen wir bildlich gesprochen, den demütigenden Spucktest/Speicheltest Jesu bestehen. Eine Frau, die ihre Knie infolge von Arthritis zehn Jahre nicht mehr durchbeugen konnte, tat dies in völliger Schmerzfreiheit vor 500 Menschen in einem unserer Gottesdienste. Menschen, die wegen ihrer Schmerzen auf einem Beine humpelnd in die Veranstaltung kamen, sprangen plötzlich im Raum herum, klatschten in die Hände und dankten Gott für die plötzliche Schmerzfreiheit und Belastbarkeit ihres Fußes. Stimmen wie „Ich kann mein steifes Knie wieder durchbiegen", hört man öfters. Viele dieser Spontanheilungen haben wir auf unseren Videobändern festgehalten.

Einige derartige Spontanheilungen als Folge eines Handelns im Glauben haben wir hier für Sie abgedruckt.

Ursula Imhof berichtet

Da ich des öfteren am Computer arbeite, bekam ich im Laufe der Zeit Schmerzen im Nacken/Schulterbereich, manchmal verbunden mit starken Kopfschmerzen. Beim Röntgen wurde eine Arthrose der Halswirbelsäule diagnostiziert, nach Auskunft des Arztes nichts Ungewöhnliches, da dies in meinem Alter von 55 Jahren „reine Verschleißerscheinungen" und damit völlig normal sei.

Durch meinen Sohn und meine Schwiegertochter kannten wir das Christliche Zentrum in Wiesbaden und wussten auch von den Heilungsgottesdiensten, die dort stattfinden. Im Dezember 2000 fuhren wir mit einigen Bekannten, die ebenfalls unter verschiedenen Krankheiten litten, zu einem Heilungsgottesdienst. Dabei hatte ich eigentlich gar nicht an mich und meine Schmerzen dacht, sondern war mehr die Begleitperson, die die Gemeinde bereits kannte.

Als dann jedoch der Aufruf kam, nach vorne zu kommen und für sich beten zu lassen, tat ich das, obwohl ich in dieser Beziehung bisher eher zurückhaltend war. Nachdem für mich gebetet wurde, waren die Schmerzen nicht sofort verschwunden, aber ich spürte ein starkes Kribbeln im Schulter- und Halsbereich. Und einige Stunden später stellte ich dann voller Freude fest, dass ich keine Schmerzen mehr hatte.

Dies ist nun mehr als ein halbes Jahr her, und noch immer bin ich schmerzfrei. Allerdings achte ich seitdem sehr auf meine Haltung, trage möglichst keine schweren Schultertaschen mehr und mache verstärkt gymnastische Übungen, denn ich glaube, dass ich – auch wenn Gott heilt – mitverantwortlich für meine Gesundheit bin.

Ich bin Gott sehr dankbar für meine Heilung.

Mechthild Domnowski

Ich bin zur Heilungskonferenz 2000 eigentlich gekommen, um innere Heilung zu erleben.

Am Freitagabend im Gottesdienst sollten wir die Hände auf die wehen Stellen unseres Körpers legen. Dann betete Andreas Herrmann. Ich hatte seit vier Wochen einen Tennisarm links. Der OP-Termin stand schon fest. Der rechte Arm hatte auch wieder angefangen zu schmerzen. Ich legte beide Hände auf beide Arme. Nach dem Gebet um Heilung probierte ich erst vorsichtig, dann heftig und drückte wie wild auf dem Ellbogen herum, der permanent wehgetan hatte, bei einem leichten Anstoßen schon zum Schreien wehgetan hatte. Die Schmerzen waren wirklich weg. Manchmal kamen sie kurz wieder. Ich betete dagegen, und sie waren wieder weg.

Heilung durch Glauben in Aktion (Fortsetzung)

Auch Mechthild hatte, wie Ursula Imhof, etwas getan, bevor sie merkte, dass sie geheilt war. Im Vertrauen hatte sie ihre Hände auf die schmerzenden Stellen gelegt. Denn Glauben muss in die Tat umgesetzt werden, sonst bleibt die Gotteskraft, die in dem Moment zum Heilen da ist, ungenutzt. Naaman, der Feldherr des Königs von Aram, galt viel bei seinem Herrn und war angesehen; denn durch ihn hatte der Herr den Aramäern den Sieg verliehen. Der Mann war tapfer, aber an Aussatz erkrankt.

Nun hatten die Aramäer bei einem Streifzug ein junges Mädchen aus dem Land Israel verschleppt. Es war in den Dienst der Frau Naamans gekommen. Es sagte zu seiner Herrin: Wäre mein Herr doch bei dem Propheten in Samaria! Er würde seinen Aussatz heilen. Naaman ging zu seinem Herrn und meldete ihm: Das und das hat das Mädchen aus Israel gesagt. Der König von Aram antwortete: So geh doch hin; ich werde dir ein Schreiben an den König von Israel mitgeben. Naaman machte sich auf den Weg. Er nahm zehn Talente Silber, sechstausend Schekel Gold und zehn Festkleider mit und überbrachte dem König von Israel das Schreiben. Es hatte folgenden Inhalt: Wenn jetzt dieser Brief zu dir gelangt, so wisse: Ich habe meinen Knecht Naaman zu dir geschickt, damit du seinen Aussatz heilst. Als der König von Israel den Brief gelesen hatte, zerriss er seine Kleider und rief: Bin ich denn ein Gott, der töten und zum Leben erwecken kann? Er schickt einen Mann zu mir, damit ich ihn von seinem Aussatz heile. Merkt doch und seht, dass er nur Streit mit mir sucht. Als der Gottesmann Elischa hörte, der König von Israel habe seine Kleider zerrissen, ließ er ihm sagen: Warum hast du deine Kleider zerrissen? Naaman soll zu mir kommen; dann wird er erfahren, dass es in Israel einen Propheten gibt. So kam Naaman mit seinen Pferden und Wagen und hielt vor dem Haus Elischas. Dieser schickte einen Boten zu ihm hinaus und ließ ihm sagen: Geh und wasch dich siebenmal im Jordan! Dann wird dein Leib wieder gesund, und du wirst rein. Doch Naaman wurde zornig. Er ging weg und sagte: Ich dachte, er würde herauskommen, vor mich hintreten, den Namen Jahwes, seines Gottes, anrufen, seine Hand über die kranke Stelle bewegen und so den Aussatz heilen. Sind nicht der Abana und der Parpar, die Flüsse von Damaskus, besser als alle Gewässer Israels? Kann ich nicht dort mich waschen, um rein zu werden? Voll Zorn wandte er sich ab und ging weg. Doch seine Diener traten an ihn heran und redeten ihm zu: Wenn der Prophet etwas Schweres von dir verlangt hätte, würdest du es tun; wie viel mehr jetzt, da er zu dir nur gesagt hat: Wasch dich, und du wirst rein. So ging er also zum Jordan hinab und tauchte siebenmal unter, wie ihm der Gottesmann befohlen hatte. Da wurde sein Leib gesund wie der Leib eines Kindes, und er war rein. Nun kehrte er mit seinem ganzen Gefolge zum Gottesmann zurück, trat vor ihn hin und sagte: Jetzt weiß ich, dass es nirgends auf der Erde einen Gott gibt außer in Israel. (2. Könige 5, 1-15)

Naaman, ein Aussätziger, musste dem Befehl des Propheten Elisa folgen und sich siebenmal im Jordan untertauchen. Auch er übte seinen Glauben im Handeln aus. Naaman hatte sichtlich mit dem Befehl zu kämpfen. Wahrscheinlich kannte er in seiner Heimat viele sauberere Flüsse als den Jordan. Nach einigem Ringen mit seinem Stolz tauchte er schließlich siebenmal mit seiner ganzen Kleidung im Jordan unter. Er hatte ja nichts zu verlieren außer seinem Stolz. Nebenbei ist die Zahl sieben die Zahl der Vollkommenheit Gottes. Da Naaman Glauben in Aktion praktizierte, starb er nicht an Lepra. Glauben in Aktion ist immer ein dynamischer Glaubensprozess, der vielen Menschen ihre Heilung brachte.

Kontaktpunkte des Glaubens –
Gott begegnet uns zum Anfassen

Gibt es so etwas wie einen Treffpunkt zwischen uns und Gott? Treffpunkte, an denen wir von seiner heilenden Gegenwart profitieren? Oder vielleicht besondere Treffpunkte, an denen wir von seiner heiligen Gegenwart profitieren? Ja, es gibt diese heilenden Treffpunkte, und ich möchte in diesem Kapitel davon berichten. Zu-

Glaube ist der zentrale Treffpunkt zwischen Ihnen und Gott.

nächst einmal möchte ich den zentralen Treffpunkt erwähnen, denn er ist der Wichtigste: Glaube ist der zentrale Treffpunkt zwischen Ihnen und Gott.

Darüber hinaus hat uns Gott in seinem Wort noch mit verschiedenen anderen heilenden Treffpunkten vertraut gemacht, die ich in diesem Kapitel Kontaktpunkte des Glaubens nennen möchte. Den Begriff Kontaktpunkt entleihe ich mir von dem bekannten Heilungsevangelisten Oral Roberts, den Gott gewaltig für die Heilung von Zehntausenden in den fünfziger Jahren in den Vereinigten Staaten gebrauchte, der diesen Begriff als erster prägte.

Ich selbst habe inzwischen schon meine Erfahrungen mit göttlichen Kontaktpunkten der Heilung gemacht. Ein besonderes Erlebnis, das diesen Sachverhalt deutlich schildert, möchte ich den Lesern dieses Buches nicht vorenthalten.

Als Pastor hat man die Fünfunddreißigstundenwoche in der Regel irgendwann am Mittwoch abgehakt, und dann geht es immer noch weiter – da kommt ein Urlaub mit der eigenen Familie an den sonnigen Stränden Hurghadas einem zuweilen wie eine Erlösung vor.

In diesem besagten Urlaub wurde meine älteste Tochter damals leider wegen eines heftigen Brechdurchfalls schwer krank. Weder die klassischen Hausmittel noch unsere Gebete um Heilung schienen etwas zu bewegen oder auszurichten. Voller Sorge um unsere immer schwächer werdende Janina wandten wir uns an die Hotelrezeption, die uns mit einem Englisch sprechenden Arzt in Verbindung brachte. Um ein Gespräch anzuknüpfen erwähnte ich, dass ich auch in der Heilungsbranche tätig sei. Mein Gegenüber fragte: „Welche Art von Heilungsbranche?" Ich erklärte ihm, dass ich für Kranke zu Gott bete und Resultate sehe, was aber diesmal bei meiner Tochter leider nicht geklappt hatte. Der Arzt, ein Mann mit koptischem Hintergrund, nahm meine Worte gleich ernst und sagte, dass er seit Jahren brutale Schmerzen durch einen Bandscheibenvorfall habe. Es vergehe kein Tag, der nicht eine schmerzhafte Tortur sei, sagte er. Er bat mich, bei ihm zu Hause nach Praxisschluss für ihn und einige andere Personen zu beten. Obwohl bei Janina das Gebet nicht angeschlagen hatte, hatte ich den Glauben an Heilung nicht verloren. Als ich für den Arzt betete, geschah das Wunder, dass Gott ihn sofort heilte und von allen Schmerzen befreite. Völlig erstaunt und verblüfft wollte er mehr über Gott, den Heiler, wissen. Nach stundenlangen Gesprächen und einigen Gebeten sagte er mir: „Wenn ich jetzt eine Spritze setze, dann bete ich zu Gott, dass er mit seiner Heilungskraft da mit reinkommt."

Dieses Erlebnis liegt nun schon etliche Jahre zurück. Einige seiner hoffnungslosen Fälle verweist der ägyptische Doktor, zu dem der freundschaftliche Kontakt nie abriss, dann doch von Zeit zu Zeit an mich. Und so bekam ich eines Tages einen Brief von einer in Ägypten lebenden Deutschen, deren linker Arm seit Jahren durch eine Krankheit steif geworden war. Er schmerzte nur noch. Die Schreiberin des Briefes klagte und jammerte nicht, aber sie litt in Folge der ständigen Schmerzen auch noch an Schlaflosigkeit.

Ihr Brief, der mich sehr bewegte, hatte mich an meinem Barmherzigkeitsnerv gepackt, aber was hätte ich tun sollen? Ich war in Deutschland, eine Reise nicht möglich, und die Kranke lebte in Ägypten. Der ägyptische Arzt traute Gott wohl zu, auf mein Gebet hin ein Wunder für diese Frau zu tun – aber wie sollte dieser Gebets- und Glaubenskontakt je zustande kommen?

Da fiel mir wieder ein, dass ich mal gelesen hatte, dass in anderen

Heilungsdiensten für Leute, die in großer Entfernung lebten, gebetet wird und dass man ihnen als Glaubenszeichen ihres Gebetes dann Taschentücher zuschickt. Das würde sich auch mit der Post nach Ägypten befördern lassen. Und so betete eines schönen Sonntags mitten im dicksten deutschen Winter meine Gemeinde in Wiesbaden mit mir für eine Kranke in Ägypten. Im Anschluss schickten wir ein Taschentuch auf die Reise in den sonnigen Süden.

Die Antwort ließ nicht lange auf sich warten – denn ein Brief mit bunten fremden Briefmarken flatterte mir ins Haus. Die Frau berichtete, dass sie sich das Tuch auf den Arm gelegt und zu Gott um Heilung gebetet habe. Sofort sei der Arm beweglich und schmerzfrei geworden, denn Gott hatte eingegriffen! Überschwänglich bedankte sich die Schreiberin für die Gebete und das Taschentuch.

Aber damit ist die Geschichte noch nicht zu Ende – einige Monate nach der Heilung des linken Armes fing der rechte an zu schmerzen – und diese Schmerzen kannte sie nur zu genau. Denn genau so hatte es mit dem linken Arm auch angefangen.

Nachdem sie eine kurze Attacke der Hoffnungslosigkeit überwunden hatte, fragte sie ihren Mann: „Wo ist eigentlich das Taschentuch, das diese deutsche Gemeinde mir geschickt hat?" „Och, das hast du schon längst gewaschen und gebügelt, das liegt bei den anderen im Schrank. Was willst du denn jetzt nur wieder mit dem? Da ist bestimmt keine Kraft mehr drin!", war die wenig ermutigende Antwort. Ob es noch einmal klappen würde? Aber die Schmerzen waren zu stark, als dass man viel Zeit für lange Zweifel hatte. Entschlossen suchte die Frau das Taschentuch und fand es. Sie legte es auf den schmerzenden Arm und betete: „Herr, du hast mich schon einmal geheilt. Bitte heile auch meinen anderen Arm."

Von dem Moment an war dieser Arm schmerzfrei. Gott hatte wieder ein Wunder getan. Aber nicht nur bei ihr hat Gott so geheilt. Lesen Sie selbst.

Akki Schilling erzählt

Gott lebt und heilt. Ich habe es erlebt und möchte kurz darüber berichten. In meinem linken Knie war ein Geschwür, und es war nicht gutartig. Ich musste immer eine Schiene tragen, die mich doch sehr behinderte. Ich selber bin noch nicht lange Christ und gehe erst ein paar Wochen zu den Jesus-Freaks in Herrenberg.

Zu dem Heilungsgottesdienst konnte ich selber also nicht kommen, aber der Michael, der im CZW Zivi ist, der kommt ja von uns. Der hat dort für mich beten lassen, und mir dann am Montag ein Tuch geschickt, das von Andreas und anderen mit Segen vollgepackt war. Ich habe das Tuch auf mein Knie gelegt und gebetet.

Am Dienstag hatte ich eine Routineuntersuchung, und siehe da, die Geschwulst war weg. Ich bin davon überzeugt, dass Gott mein Knie geheilt hat. Ich habe auch einen Job bekommen, der wäre mit Schiene gar nicht möglich gewesen.

Kontaktpunkte des Glaubens (Fortsetzung)

Was Akki und die Deutsche in Ägypten erlebten, klingt im rational-erleuchteten Deutschland fremd. Aber schon im 14. Kapitel des Matthäusevangeliums, den Versen 35-36 heißt es:

> „Als die Leute dort ihn erkannten, schickten sie Boten in die ganze Umgebung. Und man brachte alle Kranken zu ihm und bat ihn, er möge sie wenigstens den Saum seines Gewandes berühren lassen. Und alle, die ihn berührten, wurden geheilt."

Für mich war das Gewand Jesu ein Kontaktpunkt für die Menschen. Dieser Kontaktpunkt ist etwas, woran unser Glaube sich klammern kann und somit eine große Hilfe für unsere eigene Glaubensentfaltung. Er aktiviert den Glauben einer Person, der sich mit der Kraft Gottes verbindet, die auf dem Kontaktpunkt liegt (zum Beispiel das Taschentuch, für das wir gebetet hatten). Auf diese Art kann der Kontaktpunkt Heilung freisetzen, die sich so im Leben eines Menschen entfalten kann. Darüber hinaus hilft uns der Kontaktpunkt nicht nur, den Glauben zu empfangen, sondern das im Glauben Empfangene auch zu halten.

Denken wir für einen Moment an die Frau mit den Blutungen, die den Saum des Gewandes Jesu berührt hatte und von da an geheilt war. Für die leidende Frau war das Gewand der Kontaktpunkt, der ihren Glauben mit der Kraft und Salbung zusammenbrachte, die sogar im Gewand eingelagert war.

Im Alltag benutzen wir Kontaktpunkte, ohne darüber nachzudenken: Der Kontaktpunkt für das Wasser ist der Wasserhahn, der Kontaktpunkt für das Licht ist der Lichtschalter, für ein anspringendes Auto ist es der Zündschlüssel. Immer ist schon etwas da, mit dem man etwas tun muss, um ein Resultat zu erhalten: Der Wasserhahn hat das Wasser, man braucht ihn nur aufzudrehen. Der Lichtschalter hat das Licht schon, man braucht es nur anzuknipsen, das Auto kann fahren, man muss nur den Zündschlüssel drehen.

In gleicher Weise kann die Kraft Gottes heute für ein Wunder schon zur Verfügung stehen. Wir müssen dann aber auch dementsprechend handeln, ansonsten wird uns das, was Gott für uns getan hat, nicht viel helfen. Die Bibel sagt das so: „Glaube, wenn er keine Werke hat, ist in sich tot" (Jakobusbrief Kapitel 2, Vers 17).

Grundsätzlich bewirkt ein geistlicher Kontaktpunkt eine innere Fokussierung auf Gott, seine Gegenwart und seine Heilkraft und führt so zu einer Glaubensentfaltung.

Es gibt verschiedene Kontaktpunkte zur Glaubensentfaltung, die vielen zur Heilung verholfen haben: Erstens gibt es die klassische Handauflegung, die wir von Jesu Dienst her kennen. Zweitens kennt jeder das Abendmahl, wo Gott uns in Brot und Wein begegnet. Drittens gibt es das Salben mit Öl, wie es im Jakobusbrief im 5. Kapitel, Vers 14 beschrieben ist. Viertens kann man Gottes Heilungszusage in Bibelversform lesen und glaubensvoll verinnerlichen. Außerdem gibt es auch das Wort der Erkenntnis, wie es im 1. Korintherbrief, Kapitel 12, Vers 8 beschrieben steht. Wir erleben das zum Beispiel in unseren Gottesdiensten oft so, dass jemand übernatürlich genau eine Krankheit beschreiben kann,

Der sicher größte aller Kontaktpunkte für Heilung ist, wenn Menschen in die Gegenwart Gottes kommen.

die eine anwesende Person hat und die Gott in diesem Moment heilt. Und dann gibt es eben auch ein durch Gebet mit göttlicher Kraft aufgeladenes Tuch, so wie es bei Paulus in der Apostelgeschichte 19, Vers 12 nachzulesen ist.

Aber der sicher größte aller Kontaktpunkte für Heilung ist da, wo Menschen in die Gegenwart Gottes kommen. Dann ist die Berührung mit Gottes manifester Gegenwart selbst der größte und stärkste heilende Kontakt.

Das Gewand Jesu war der Kontaktpunkt für den Glauben der Kranken, genauso wie seine Hand, die er Kranken auflegte. An einer anderen Stelle heißt es „alle Leute versuchten, ihn zu berühren, denn es ging eine Kraft von ihm aus, die alle heilte." (Lukasevangelium, 6. Kapitel, Vers 19)

Der Kontaktpunkt für den Glauben eines Menschen muss von Gott gesalbt sein, sonst ist er uneffektiv. Aber selbst ein gesalbter oder mit göttlicher Kraft ausgestatteter Kontaktpunkt vollbringt noch kein Wunder. Das kann nur Gott alleine. Eine weitere Voraussetzung ist unser Glaube, der sich mit ihm verbindet.

In Apostelgeschichte 19, 11-12 wird uns berichtet: „Auch ungewöhnliche Wunder tat Gott durch die Hand des Paulus. Sogar seine Schweiß- und Taschentücher nahm man ihm vom Körper weg und legte sie den Kranken auf, da wichen die Krankheiten, und die bösen Geister fuhren aus."

Aktivierter Glaube plus vorhandene Gotteskraft, das sind immer die klassischen Voraussetzungen für die meisten Wunder.

Für unseren Verstand ist es kaum nachvollziehbar, dass göttliche Kraft gewissermaßen in einem Stück Stoff imprägniert oder eingelagert sein kann. Gottes unumschränkte Kraft kann grundsätzlich überall eingelagert sein. Ein kleines Stück Stoff, auf die göttliche Reise geschickt, kann, wie wir wissen, Wunder wirken. Noch einmal sei gesagt: Es ist nicht das Stück Stoff, das heilt, sondern die Salbung in dem Tuch. Charles und Francis Hunter, ein Ehepaar im Heilungsdienst, berichteten, dass viele Ehemänner durch ein Gebetstüchlein, das von ihren glaubenden Ehefrauen unter die Matratze gelegt wurde, zu dem Glauben an den lebendigen Gott kamen, von dem sie zunächst nichts hatten wissen wollen.

Ein Kontaktpunkt des Glaubens ist sein Wort, denn er und sein Wort sind eins.

Noch nie waren es der Schatten des Petrus, die Kleider des Paulus, das Abendmahl, die Hand einer Person, das Salböl, die Heilung vollbrachten. Es war immer Gott, der in diesen Kontaktpunkten der Heilung zugegen war, oder Gott, der sein Werk durch seine von ihm gesalbten Diener und Dienerinnen tat. Das Öl beispielsweise symbolisiert nur die Gegenwart des Heiligen Geistes. Ein Stück Stoff wird immer ein Stück Stoff bleiben. Eine menschliche Hand ist nichts weiter als eine anatomische Struktur, die zum Körper eines Menschen gehört.

Kontaktpunkt Wort Gottes –
Gott begegnet uns durch die Bibel

Jemand hat einmal gesagt, der einzige Teil der Bibel, der jemals für dich funktionieren wird, ist der, den du bekennst und den du befolgst. Wir sollten jede spezifische Passage über Heilung, durch die Gott zu uns persönlich spricht, nicht nur öfters lesen, sondern auch erfassen, ergreifen und tief in unserem Herzen verankern, damit wir ihn letztendlich besitzen. „Denn Leben bringen sie dem, der sie findet, und Gesundheit seinem ganzen Leib." (Sprüche 4,22). Das in unser Herz eingesäte Wort muss regelmäßig durch Bejahung, Aneignung vertrauensvoll begossen werden, so dass sich wahrer Glaube in unserem Inneren entfaltet, der Heilung für unser Fleisch, für unseren Körper bringt. Der extreme Hautausschlag eines Mannes verschwand Tag für Tag, je mehr er über einer Schriftstelle über Heilung meditierte.

Ich selber habe auch einmal im Zusammenhang mit einer Krankheit erlebt, welche Kraft Gottes Wort hat. Als ich vor Jahren eines Tages morgens meine Zähne putzte, entdeckte ich ein paar Knoten an meinem Hals. Diese Knoten waren so groß, dass man sie nicht nur tasten, sondern sogar sehen konnte. Weil ich als gelernter Krankenpfleger entsprechend medizinisch vorgebildet war, schwante mir sofort nichts Gutes. Ich habe versucht, diese Knoten zu ignorieren. Das gelang mir tagsüber aber auch ganz gut. Aber nachts, wenn ich nicht schlafen konnte, erschienen vor meinem inneren Auge alle Seiten aus medizinischen Lehrbüchern, die irgend etwas mit Knoten zu tun hatten. Sobald die Sonne morgens wieder schien, waren die nächtlichen Spukbilder wie weggewischt. Aber das, was tagsüber noch unvernünftig und unlogisch erschien, wurde nachts erdrückend vernünftig. Und das zog sich Monate hin. Wenn ich mit meiner kleinen, süßen Tochter spielte, schlich sich Wehmut in mein Herz: „Was wird aus ihr? Was wird aus Sabine?"

Eigentlich war ich mir sicher gewesen, dass Gott noch etwas mit meinem Leben vorhatte, andererseits beschlich mich die Ahnung, dass ich ernstlich krank bin. Meine Seelenlandschaft verdüsterte sich zusehends. Teilweise wurde mein Verhalten auch selbstzerstörerisch, ich fing an zu rauchen. Wenn ich ja eh schon keine Luft kriegte, dann war das ja auch egal, oder? Aber nachdem ich so gedacht hatte, schlug das Sorgenpendel in die andere Richtung aus: War ich mit meinem Verhalten nicht selber schuld an meinem Zustand? Ich wurde zum Gefangenen meiner eigenen negativen Gedanken, die mich scheinbar ausbruchssicher einkreisten.

Schließlich ging ich doch zum Arzt. Die Knoten wurden operativ entfernt. Der Arzt, der mich behandelte, wollte mir wohl mit seiner saloppen Art die Angst nehmen, als er mir nach der Operation sagte: „Herr Herrmann, die Krankheit, die Sie haben, führt im dritten Stadium zum Tod. Da Sie das Zeug auch in der Lunge haben, werden wir Sie wohl noch ein wenig hier behalten müssen" Ich war wie vor den Kopf gestoßen und fand sein Verhalten wenig sensibel. Das muss er wohl gemerkt haben, denn er sagte dann noch, „Machen Sie sich keine Sorgen, wir werden Sie noch weitergehend untersuchen, und werden Sie dazu auch auf eine andere Station verlegen." Mit diesen Worten ließ er mich allein.

Ich war völlig erschlagen, in mir war alles taub. Gottes Zusagen und Pläne, meine Träume, meine Hoffnungen und Wünsche, all das war jetzt weit weg. Die Liebe der Menschen konnte mich nicht mehr erreichen. Ich fühlte mich unendlich einsam, und Gott schien mich verlassen zu haben. In meiner Seele machten sich Wellen der Depression breit, während die Worte des Arztes in mir nachhallten.

Und doch, als ich so im Bett lag, tauchten von irgendwoher aus den Tiefen meines Gedächtnisses Fragmente einer Predigt wieder auf, die ich vor Jahren per Kassette gehört hatte. Damals hatte der Prediger etwas gesagt, was mir sehr einleuchtete, aber was erst jetzt mein Herz wirklich berührte: „Du bist niemals allein, denn da sind wenigstens drei Personen, die dich lieben: der Vater, der Sohn und der Heilige Geist." In dem Moment entschloss ich mich, das genau so für mich anzunehmen. Ich fing an zu beten. „Jesus, du bist ja gekommen, um die Werke des Teufels zu zerstören. Ein Werk des Teufels ist die

Krankheit. Ich brauche dich. Heiliger Geist, du bist der Tröster, und ich brauche deinen Trost jetzt so dringend. Vater im Himmel, auch jetzt vertraue ich dir, denn du hast alles unter Kontrolle."

Ich hatte das Gebet kaum zu Ende formuliert, da merkte ich, wie eine warme und prickelnde Kraft durch meinen Körper ging. Ich spürte wirklich, wie an dem Ende meines Bettes die Herrlichkeit Gottes stand. Davon bin ich bis heute felsenfest überzeugt. Ich war überwältigt von dieser Erfahrung seiner Gegenwart. Als ich wieder beten konnte, betete ich diesmal: „Gott, du bist mir gut zum Leben und gut zum Sterben. Lebe ich oder sterbe ich, mich kann nichts aus deiner Hand reißen." Ich wusste ganz tief in mir, dass ich eine Begegnung mit dem lebendigen Gott, dem Schöpfer aller Dinge, gehabt hatte.

Mittlerweile ist das achtzehn Jahre her. Heute lebe ich in dem Traum, den Gott damals in mein Herz gelegt hatte. Ich bin Vater von zwei wunderbaren Töchtern und habe erlebt, wie sie aufwuchsen. Ich konnte mithelfen, drei lebendige Gemeinden zu gründen und schreibe bereits mein sechstes Buch, was wie kein anderes aus dieser Erfahrung im Krankenbett lebt.

Nachdem ich diese Begegnung mit Gott erlebt hatte, setzten die Ärzte damals die Untersuchungen fort. Sie kamen zu dem Ergebnis, dass meine Krankheit zum Stillstand gekommen ist, ich müsse mich jedoch weiterhin regelmäßigen Untersuchungen unterziehen. Aber mich hat diese Krankheit trotzdem für immer verändert. Ich hatte mich damals entschlossen, Gottes Wort ernst zu nehmen – und der Gott, den ich ernst nahm, ist mir auch begegnet. Als ich mich im freien Fall befand, konnte ich mich doch auf den Felsen seines Wortes stellen und blieb dort stehen. Und ich bin gewiss, dass das Wort, das mich damals getragen hat, auch Sie tragen kann.

Ein Pastor aus Ostdeutschland, der von einer Leiter gefallen war und sich einen Wirbel gebrochen hatte und sich vor Schmerzen kaum bewegen konnte, erzählte mir, dass Gott ihm das Wort „In seinen Wunden bin ich geheilt" so lebendig machte, dass er sofort seine Arbeit wieder aufnahm. In dem Moment verschwanden alle Schmerzen und kehrten nie wieder zurück.

In jedem Fall werden wir durch ein Rhema-Wort (ein Wort, durch das

Gott hundertprozentig persönlich zu uns gesprochen hat, nicht zu verwechseln mit Wunschdenken) sein Ziel der Heilung nicht verfehlen. Jemand sagte, ich bete und meditiere über meiner Heilungspassage so lange, bis alle Symptome verschwunden sind. Auch wenn ich noch nicht vollkommen geheilt bin, ich glaube, dass ich empfangen habe. Gott hat uns ja nicht versprochen, dass jedes Mal sofort etwas passiert, wenn wir beten und uns auf sein Wort stellen. Viele Menschen haben erfahren, dass Glauben, der aus Gewissheit des Wortes Gottes geboren wurde, in ihnen jenen Glauben freisetzte, der ihnen half, die Heilung mit echten Resultaten zu empfangen. Leider wollen viele Menschen dort ernten, wo sie nie das Wort Gottes eingesät haben.

Der Chemiker vertraut in die Gesetze der Chemie, der Naturwissenschaftler in die Gesetze der Naturwissenschaft, der Kapitän in die Gesetze der Navigation, der Christ in die Gesetze des Glaubens, die wir im Worte Gottes vorfinden.

Kontaktpunkt Abendmahl – Gott begegnet uns in Brot und Wein

Das Brot, das bei unserem Abendmahl in den evangelischen Kirchen oder in den Freikirchen gebrochen wird, symbolisiert den Leib Jesu oder das Brot des Lebens Jesu, das für uns gebrochen wurde. Sein Körper wurde an unserer Stelle zerbrochen, damit unserer wieder heil wird. Wenn wir den Kelch nehmen, so vergegenwärtigen wir uns, dass er sein Blut zur Vergebung unserer Sünden vergossen hat. Das Abendmahl ist ein starker geistlicher Kontaktpunkt, bei dem deutlich wird, dass Gott nicht nur unsere Sünden vergibt, sondern auch körperlich heilt. Im Abendmahl erkennen wir die Tiefendimension von Jesaja 53, 3-5:

> „Er wurde verachtet und von den Menschen gemieden, ein Mann voller Schmerzen, mit Krankheit vertraut. Wie einer,

vor dem man das Gesicht verhüllt, war er verachtet; wir schätzten ihn nicht. Aber er hat unsere Krankheit getragen und unsere Schmerzen auf sich geladen. Wir meinten, er sei von Gott geschlagen, von ihm getroffen und gebeugt. Doch er wurde durchbohrt wegen unserer Verbrechen, wegen unserer Sünden zermalmt. Zu unserem Heil lag die Strafe auf ihm, durch seine Wunden sind wir geheilt."

Durch das, was am Kreuz von Golgatha geschah, hat Jesus an unserer Stelle den Sieg über Sünde und Tod errungen. Da jede Krankheit ein Grad des Todes ist, so ist sein Sieg über den Tod auch ein Sieg über unsere Krankheit. Bei der Feier des Heiligen Abendmahls in der Kommunion in der römisch-katholischen Kirche sagt der Priester, die Hostie hochhaltend: „Seht, das Lamm Gottes, das hinwegnimmt die Sünde der Welt." Die Gemeinde antwortet daraufhin: „Herr, ich bin nicht würdig, dass du eingehst unter mein Dach. Aber sprich nur ein Wort, so wird meine Seele gesund." Haben Sie diese Worte wieder erkannt? Es sind die Worte jenes römischen Hauptmannes, der mit seinem Glauben Jesus begeisternd in Erstaunen versetzte. Versetzen Sie Jesus mit Ihrem Glauben das nächste Mal beim Abendmahl auch in Erstaunen.

Kontaktpunkt Wort der Erkenntnis – Gott begegnet uns, weil er uns kennt

Als Menschen lernen wir zunächst über unsere Sinne, denn unsere Sinne sind, wie es jemand mal formulierte, physische Türen in unser Gehirn. Wenn wir uns an einem Stein gestoßen haben, kommen wir zur Sinneserkenntnis, dass ein Stein ein harter Gegenstand ist. Wenn wir an einem wohlriechenden Parfüm gerochen haben, kommen wir zur Sinneserkenntnis, dass dieses Parfüm gut riecht. Für die meisten Menschen ist die Sinneserkenntnis die einzige Ebene, auf der sich Erkenntnis aufbaut und entwickelt.

Der Mensch mit einem wiedergeborenen Geist dagegen wird irgendwann nicht mehr primär über seine Sinneserkenntnis gesteuert, weil er sein Leben mit dem Heiligen Geist kultiviert. Aus diesem Grund empfängt er Offenbarungserkenntnis, die eine Folge der Gemeinschaft mit Gott ist. „Der irdisch gesinnte Mensch aber lässt sich nicht auf das ein, was vom Geist Gottes kommt. Torheit ist es für ihn, und er kann es nicht verstehen, weil es nur mit Hilfe des Geistes beurteilt werden kann." (1. Korintherbrief 2, 14) Wir können die Dinge und Segnungen, die Gott vorbereitet und geplant hat, nicht ohne Offenbarungserkenntnis erfassen. Aus diesem Grund heißt es im 1. Korinther 2, 12, „Wir aber haben nicht den Geist der Welt empfangen, sondern den Geist, der aus Gott stammt, damit wir das erkennen, was uns von Gott geschenkt worden ist."

Einen Heilungsgottesdienst kann man nicht auf der Basis von reiner Sinneserkenntnis durchführen. Was unsere Sinne vermitteln, ist bestenfalls eine Beobachtung des physischen Ist-Zustandes der Menschen. Wir wissen, dass Ernas athritisches Bein weh tut, und dass Karl uns sagt, er habe ein Magengeschwür.

Für die erfolgreiche Durchführung eines Heilungsgottesdienstes brauchen wir die Offenbarungserkenntnis Gottes. Nur durch seine prophetische Offenbarung können wir erkennen, was Gott für den heutigen Tag geplant hat. In Heilungsgottesdiensten geschieht dies oft durch eine Offenbarungsgabe, die die Bibel „das Wort der Erkenntnis" nennt.

Wenn Gottes Kraft zur Heilung im Gottesdienst gegenwärtig ist, zeigt mir Gott durch das Wort der Erkenntnis die Organe, Körperteile und Beschwerden, die er heute heilen möchte. Bereits in dem Moment, wo ich diese Worte der Erkenntnis ausspreche, geschehen die Heilungen auf den Plätzen, wo die Leute sitzen. Das Wort der Erkenntnis ist ein kraftvoller Kontaktpunkt für den Glauben des betroffenen Kranken.

Denn der Kranke erlebt, dass Gott ganz genau weiß, wie es ihm geht – was durchaus tröstlich ist. Im gleichen Moment wird der Glaube durch den Kontaktpunkt des gesprochenen Wortes aktiviert. Der größte Teil der Heilungen, von denen hier in diesem Buch berichtet wird, sind eine direkte Heilungsfolge des gesprochenen Wortes der Erkenntnis. Das zeigt auch das Erlebnis von Iris Kimmerle:

Iris Kimmerle erzählt

Seit einigen Tagen hatte ich eine Blasen- und Nierenentzündung und war auch beim Arzt gewesen, der mir ein Antibiotikum gegeben hatte. Dabei war er nicht ganz sicher, ob dies alle Keime abtöten würde. Die Schmerzen wurden etwas besser, aber ich hatte noch weiterhin Nierenschmerzen. Schon seit frühester Kindheit bekomme ich diese Entzündungen und deswegen war auch bereits teilweise Nierengewebe zerstört.

Im Heilungsgottesdienst nannte Andreas die verschiedenen Krankheiten, die Gott gerade jetzt heilt und dabei wurde auch gesagt, dass Gott jetzt eine Niere heilt, aber dass diese Person noch mehr trinken solle.

Von jetzt auf gleich waren daraufhin meine Nierenschmerzen weg. Das war am Sonntag. Am Dienstag wurde ich vom Arzt untersucht und es war alles okay. Bis heute!

Holger Fritz erzählt

Meine Krankengeschichte begann, als ich so neunzehn, zwanzig Jahre alt war. Ich arbeitete damals als Glasbläser in einer Firma, die Glasapparate für die chemische Industrie herstellte. Eines Tages passierte es: Während eines Arbeitsvorganges sammelte sich in einem Glasrohr ein Gas-Sauerstoff-Gemisch und entzündete sich an der Flamme. Es kam zu einer Explosion im Rohr mit einer Druckwelle, die die Scheiben zum Wackeln brachte. Unglücklicherweise saß ich mit meinem linken Ohr genau im Schallkegel! Mein Ohr fing sofort an zu pfeifen.

Und dieses Pfeifen ging nicht wieder weg. Von da an litt ich unter Tinnitus – permanenten Geräuschen im Ohr, die sich am ehesten mit den Geräuschen vergleichen lassen, die entstehen, wenn man in einem alten Radio auf Mittelwelle einen Sender sucht: rauschend, pfeifend, zwitschernd. Diese Geräusche waren so laut, dass ich die leisen Geräusche in meiner Umwelt, zum Beispiel das Zirpen einer Grille, nicht mehr hören konnte. Und – für mich als Hifi-Fan besonders schlimm: Ich konnte Musik nicht mehr richtig genießen, weil mir von den Feinheiten der Klänge einfach zu viel entging. Auch seelisch belastete mich dieser Tinnitus. Es war nie mehr still, er hinderte mich am Einschlafen, er hat mich fast zum Wahnsinn getrieben. Vor lauter Wut und Verzweiflung habe ich mir manchmal aufs Ohr gedroschen!

Natürlich habe ich auch im Laufe von zwanzig Jahren alle möglichen Ärzte, Fachleute, Kliniken konsultiert, und es wurden alle möglichen Untersuchungen durchgeführt. Aber außer einer genauen Beschreibung der Symptome kam nichts dabei heraus, nicht mal eine Anerkennung als Arbeitsunfall. Helfen konnte mir niemand. Trotzdem: Ich habe nie die Hoffnung aufgegeben, dass es eines Tages weggeht, dass ich geheilt werde.

Und so habe ich mir in vielen Gottesdiensten, in denen für Heilung gebetet wurde, die Hand verstohlen aufs Ohr gelegt. Bei Aufrufen, zum Gebet nach vorne zu kommen, bin ich oft hingegangen und es haben viele für mich gebetet. Aber es ist nie etwas passiert.

Aber dann, vor zirka eineinhalb Jahren, gab es wieder einen Gottesdienst, in dem gesagt wurde, dass Gott Menschen mit Tinnitus heilen will. Ich bin vor gegangen, und da legte mir wieder jemand, der Glauben hatte, für mich zu beten, die Hände auf und sprach ein ganz kurzes, ganz einfaches Gebet. Und ich empfand sofort eine spürbare Verbesserung!

Die Ohrgeräusche sind nicht völlig weg. Aber ich habe von Gott Heilung empfangen und halte fest, was ich bekommen habe. Alles Weitere lege ich in Gottes Hände, es ist seine Verantwortung und so sage ich zu ihm: „Wenn du heilst, dann richtig!"

Wenn die Symptome auftreten, dann in starken Stresssituationen. Und das nehme ich als Signal für mich: Es erinnert mich daran, was Jesus für mich getan hat. Es ermahnt mich, auf mich zu achten, langsamer zu treten, zur Ruhe zu kommen, mit meinem Körper, meiner Gesundheit verantwortlicher umzugehen.

Nach einer fast zwanzigjährigen Leidensgeschichte bin ich heute auf alle Fälle viel besser dran – Gott sei Dank!

Carsten Becker erzählt

Während meiner Examensarbeit bekam ich an beiden Unterarmen eine Sehnenscheidenentzündung, bedingt durch die mehrstündige tägliche Tipp-Arbeit am PC. Da die Arbeit termingerecht abgegeben werden musste, konnte ich nicht einfach aufhören, meine Hände so zu belasten.

Dadurch wurde die Sehnenscheidenentzündung am rechten Arm chronisch.

Das bedeutete, dass jedes Mal, wenn ich am PC arbeitete, die Schmerzen rechts wieder durchkamen. Im Mai 2000 wollte ich eine Tätigkeit aufnehmen, die ausschließlich PC-Arbeit war. Da erinnerte Gott mich im Vorfeld in einem der Heilungsgottesdienste daran, dass er mich für diese Arbeit körperlich fit machen und mich heilen wollte. Als uns Andreas in diesem Gottesdienst dann aufforderte, während des Lobpreises die Hände auf die kranken Körperstellen zu legen, tat ich dies halb zweifelnd und bat Gott um Heilung. Ich spürte ein leichtes, angenehmes Kribbeln im rechten Handwurzelbereich und gleichzeitig die tiefe Gewissheit, dass Gott mich geheilt hatte.

Und so war es dann auch – jetzt sind anderthalb Jahre vergangen, und die Schmerzen sind nie wieder zurückgekommen. Ich bin immer noch verblüfft darüber, dass Gott so geheilt hat.

Reiner Mette

Ich bin gelegentlich Gast im CZW, und habe die Heilungskonferenz im November 2000 besucht. Ich hatte Schmerzen in der Schulter und im Arm, dazu auch im Rücken. Als Kraftfahrer im Güternahverkehr muss ich da immer ganz schön schaffen. Andreas sagte dann an einem der Gottesdienste von vorne, dass Gott gerade Menschen in der Schulter, im Arm und im Rücken heilt. Und tatsächlich, die Schmerzen sind weg, ich kann den Arm ganz normal bewegen.

Außerdem hat Gott bei mir auch noch Herzrhythmusstörungen geheilt. Preis den Herrn!

Olga Soranicz

Ich war schon ab und zu bei Gottesdiensten im CZW, auch zu Heilungsgottesdiensten. Immer wieder war ich fasziniert und voller Freude mit den Menschen, die vom Heiligen Geist berührt und sogar geheilt wurden.

Da von Geschwistern und auch von mir seit vielen Jahren für eine Heilung meiner Mittelohrschwerhörigkeit gebetet wurde und sich keine „hörbare" Heilung gezeigt hatte, war ich nicht mehr sehr mutig, ein Heilungsgebet für mich in Anspruch zu nehmen.

Bei einem Gottesdienst während der Heilungskonferenz 2000 sagte Andreas, dass Gott jetzt Menschen an den Ohren anrührt, und dass er sie heilt. Ich ging nach vorne, um dort doch auch für mich beten zu lassen. Zuhause habe ich es dann gemerkt: Meine Mittelohrschwerhörigkeit ist so sehr verschwunden, dass ich wieder sehr viel mehr hören kann – sogar flüstern.

Anfang des Sommers kam ich in die Lage, dass ich eine „blutflüssige" Frau wurde. Untersuchungen in zwei verschiedenen Arztpraxen endeten mit der dringenden Empfehlung, die Gebärmutter zu entfernen, falls die Blutung nicht innerhalb kurzer Zeit zum Stillstand käme. Nach dem ersten Schock und der Angst vor einer Operation (ich bin medizinisch vorgebildet) habe ich meine Krankheit vor Gott gebracht und ihn darum gebeten, entweder mir jemanden zur Hilfe zu schicken, damit meine Kinder während des Krankenhausaufenthaltes nicht alleine blieben, oder mich zu heilen.

Im September 2000 besuchte ich einen Heilungsgottesdienst im CZW und ich wusste plötzlich, wenn Andreas für Unterleibsheilungen beten würde, dann würde Gott mich heilen. Während der stillen Anbetungszeit sagte Andreas dann tatsächlich, dass Gott gerade Frauen mit Unterleibsproblemen heilen würde. Andreas nannte sogar Myome. Und wirklich – ich stand auf meinem Platz und spürte eine Welle, die durch meinen Körper floss, und ich wusste es einfach, dass ich Heilung bekommen hatte. Ich danke Gott von ganzem Herzen, dass ich das persönlich erleben darf.

Mitte Oktober hatte ich einen Kontrolltermin zur OP-Termin-Festlegung. Ich erzählte dem Arzt, dass ich während des ganzen Sommers an Blutungen litt und dass diese am 17. September (dem Tag des Heilungsgottesdienstes) zum Stillstand kamen. Der Arzt sah mich seltsam an und sagte, wollen wir doch mal sehen, wie viel mehr die Myome gewachsen sind. Es waren noch immer mehrere vorhanden, eine große Zyste war komplett verschwunden.

Es besteht kein Grund zu Operation mehr und ich soll zur Wiedervorstellung kommen, wenn die Blutungen wieder auftreten.

Ist Krankheit ein göttlicher Segen?

Eine religiös entgleiste Lehrmeinung besagt, dass Gott Krankheit schickt, um uns zu segnen. Andere sagen, dass er Krankheiten benutzt, um uns zu lehren. Wenn Gott uns wirklich durch Krankheiten lehrt oder segnet, so würden wir ja mit jedem Arztbesuch, jedem Aspirin, jeder Suchtberatung, jedem Krankenhausbesuch, jeder Kapsel, jeder Spritze, jedem Besuch eines Heilungsgottesdienstes gegen Gottes Segnungen arbeiten, ja sogar, sie unterminieren. Krankheitsverursachende Dämonen würden dann ja sogar zu Gottes Segnungen dazugehören (wohlgemerkt, um jedes Missverständnis auszuschließen: Nur einige Krankheiten sind dämonisch verursacht).

Wenn also Krankheit ein göttlicher Segen ist und Gott uns obendrein durch sie lehrt, dann sollte man viel Zeit im Bett verbringen und sagen: „Hurra! Jetzt hab auch ich eine Lungenentzündung. Je weniger Antibiotika ich nehme, um so länger wird die göttliche Segnung anhalten." – Wer so denkt, ist wirklich sehr krank. Die eben beschriebene Krankheitslehre hat keinen Sinn, denn wenn sie wahr wäre, hätte Jesus mit seinen vielen Krankenheilungen sich in Rebellion gegen seinen himmlischen Vater befunden. Tatsache aber war, dass Jesus das tat, was er den Vater tun sah. Sowohl der Vater als auch der Sohn, aber auch der Heilige Geist sind bestrebt, den Menschen zu heilen, der in einer gefallenen, sündigen Schöpfung immer wieder erkrankt.

Krankheit ist kein Segen, aber eine Chance

Aufgrund der psychosomatischen Zusammenhänge wirkt selbst die kleinste Gefühlsregung auf unsere Zellen ein und bewirkt so eine Veränderung im Körper. Krankheit ist im Wesentlichen eine Disharmonie, die zwischen Geist, Seele und Körper stattfindet. Sie ist eine Ausdrucksform und Folge des Sündenfalls, eines Zustands also, bei dem die ganze Menschheit aus der Harmonie Gottes herausgefallen ist. Eine disharmonische sündige Welt bewirkt Ärger, und Ärger wiederum kann sich disharmonisierend auf den Körper auswirken, indem der Blutdruck in gefährliche astronomische Höhen steigt und die Verdauung nicht nur negativ beeinflusst wird, sondern der Magen am Ende noch Geschwüre aufweist. Exzessive Adrenalinschübe als Folge anhaltender Bitterkeit können so arthritische Gelenkbeschwerden verursachen.

Natürlich sind Krankheiten eine Chance, dann nämlich, wenn wir aus der Disharmonie einer nach uns greifenden sündigen Welt die richtigen Schlüsse ziehen. Dies geschieht zum Beispiel dann, wenn wir unser Leben überdenken und negative Lebensgewohnheiten und Lebensstile sowie unsere Haltung erkennen, die diese Krankheit gefördert haben.

Krankheiten sind also eine Chance, wenn unsere Not uns näher zu Gott bringt, der in einer Sekunde oder über einen längeren Prozess hinweg die Disharmonie in Harmonie (Heilung) verwandeln kann.

Krankheit ist, von einigen Ausnahmen abgesehen, im Regelfall heilbar, dann allerdings nicht, wenn der innere Mensch unheilbar ist, da er seine Fehlhaltung nicht verändern will. Mit Pillen und Nadeln kann die unkorrigierte Fehlhaltung vielleicht noch für einige Zeit überdeckt bleiben.

Es bleibt dabei: Krankheit ist kein göttlicher Segen. Krankheit ist eine Chance, die uns näher zu Gott bringt, da von ihm jede Heilung ausgeht.

Warum manche nicht geheilt werden

Dass Menschen nicht geheilt werden, möchten weder Mediziner noch Beter noch eine Kombination von beiden bestreiten. Es gibt jedoch genügend Unvernunft, die aus einigen „Misserfolgen" gleich wieder eine negative Theologie stricken will und dabei all die vielen, die durch Gebet geheilt wurden, im Skeptizismus rationaler Erleuchtung völlig übersieht oder absichtlich ignoriert. Einige Hauptursachen einer ausbleibenden Heilung können im medizinischen, psychosomatischen oder geistlichen Bereich angesiedelt sein. Um nur einige aufzuzählen: Angefangen beim Ignorieren ärztlicher Hinweise für veränderte Lebensgewohnheiten wie das Aufgeben des Rauchens, Bewegungsmangel, Dauerstress, falsche Ernährung und so weiter bis hin zum unaufgelösten latenten Dauerkonflikt in der Umwelt, fehlender Selbstannahme, Selbstablehnung, nicht korrigiertem negativen Denken, entsprechend einem Festhalten an Bitterkeit und Unversöhnlichkeit und so weiter. Das alles können im psychosomatischen Bereich beispielsweise Gründe dafür sein, dass Menschen nicht geheilt werden.

Es ist schon erstaunlich, dass manche Menschen, die auf Gott sauer sind, trotzdem in einen Heilungsgottesdienst kommen, um durch Gebet Heilung zu empfangen. Das Motto ist: „Ich bin sauer auf Gott, aber ich möchte, dass du für mich betest." Oder auch: „Ich bin zornig auf Gott, weil er dies oder jenes nicht für mich getan hat, aber ich möchte, dass du für mich betest." Wenn ich diese Grundhaltung erkenne, sage ich Folgendes: „Wer bist du eigentlich, dass du dich mit Gott anlegst und jetzt versuchst, von ihm geheilt zu werden? Nur wenn du deine negative Haltung Gott gegenüber korrigierst, werde ich gerne für dich beten."

Wieder andere Menschen können nicht geheilt werden, weil sie kein eindeutiges Ja zum Leben gefunden haben. Ohne dieses bewusste „Ja, ich will leben.", werden sie sich nie eindeutig für Gesundheit entscheiden, und ihnen fehlt die positiv motivierende Antriebskraft, die nach Hoffnung und Glauben greift. Selbst motivierende Appelle der Seelsorger landen wie ein Samenkorn nur auf felsigem Boden. Sobald man Leben in ihre Nähe bringt, klappt ihre Seele zu wie eine Auster. Niemand kann in den Kopf einer solchen Person klettern, um einen Hebel umzulegen, denn Gott gab uns den freien Willen.

> „Leben und Tod lege ich dir vor, Segen und Fluch. Wähle also das Leben, damit du lebst, du und deine Nachkommen." (5. Mose 30, 19)

Depressive Verstimmungen, die mit latenten Todeswünschen einhergehen, machen es jedem Heilungsdienst, der am Körper ansetzt, nahezu unmöglich zu helfen. Wieder andere Menschen brauchen ihr Leid und ihre Krankheit, um das ausgehungerte Liebes- und Aufmerksamkeitsdefizit durch eine „Ich-armes-krankes-Opfer"-Strategie zu füttern. Ohne ihre Krankheit würden sie die Quelle der menschlichen Zuwendung ja verlieren. Der Weg aus dieser Sackgasse kann ebenfalls nur durch eine aktive Entscheidung fallen, die sagt: „Ich brauche kein Opferunterstützungssystem mehr, denn ich bin auch ohne Krankheit liebenswert. Gott liebt mich, ich mag mich auch, und meine Mitmenschen werden mich ohne die Mitleidsmasche noch mehr lieben. Ich entscheide mich hier und heute eindeutig für Gesundheit, die von meinem Gott kommt."

Obwohl Glaubensmangel ein nicht unerheblicher Hinderungsgrund für göttliche Heilung sein kann, so ist göttliche Heilung nicht unweigerlich vom Glauben abhängig. Wie oft hat Gott in seiner Gnade gerade die geheilt, die nicht ein Fünkchen von Glauben zu haben schienen.

Gerade Kleinkinder können noch gar keinen Glauben haben. Und doch heilt Gott auch dort, wie der folgende Bericht illustriert:

Dirk und Biggi Schumann erzählen

Als unser zweites Kind zur Welt kam, haben wir uns riesig gefreut, denn sie war, wie die erste Tochter, auch ein Wunschkind. Als Janina acht Wochen alt war, wurde sie bei einer der regulären Routineuntersuchungen als taub eingestuft. Außerdem hatte sie einen Erguss im Ohr. Janina musste alle vier Wochen untersucht werden. Da beide Töchter auch schon pulmonale Probleme haben, war das für uns als Eltern ein Schock. „Ich dachte nur, jetzt nicht das auch noch", erinnert sich Biggi.

Wir hatten auch schon gemerkt, dass etwas mit ihr nicht stimmte. Wenn sie zum Beispiel im Zimmer lag, wo Musik lief, konnte sie sogar vor der Box liegen, ohne zu schreien. Sie reagierte auch nicht, wenn wir ins Zimmer kamen oder so.

Wir haben beide als Eltern immer wieder gebetet, unsere Hauszelle hat gebetet, unsere Gemeinde hat gebetet. Bei den Gelegenheiten, wo Gebet angeboten wurde, sind wir immer wieder nach vorne gegangen. Zeiten großer Glaubenszuversicht wechselten sich ab mit Zeiten großer Niedergeschlagenheit. Im März wurde dann bei einem Hörtest festgestellt, dass Janinas Hörschwelle bei 90 Dezibel liegt – das ist die Lautstärke einer normalen Disko, also noch sehr laut.

Die Ärzte haben ihr Bestes versucht, um uns im Umgang mit unserer Tochter zu helfen. Sie haben uns eine Spielgruppe für hörbehinderte Kinder empfohlen – der Weg in eine andere Stadt war für mich als Mutter mit zwei Kindern zu umständlich. Außerdem hat man uns empfohlen, die Gebärdensprache zu lernen. Aber irgendwie hatte ich das Gefühl, dass es nicht richtig ist, wenn wir uns jetzt völlig auf die Taubheit einstellen. Ich hatte dann auch noch einen Traum, in dem die Kleine hörte.

Und wir haben weiter gebetet. Im April wurde Janina gesegnet, und da haben wir alle gemeinsam noch mal für ihr Gehör gebetet, und darum, dass Gott sie heilen soll. Im Mai wurde ein Hörtest in Sedierung angesetzt, also einer, bei dem Janina quasi schläft. Bei dem Termin in der Uniklinik sollten ihre Ohren neu vermessen werden, weil sie jetzt groß genug war, um ein Hörgerät zu bekommen. Mit diesem Hörgerät hätte sie dann hören können. Ich war ganz zuversichtlich, obwohl es ja eigentlich ein bedrückender Moment war. Der Arzt machte seine Tests, druckte die Ergebnisse aus und holte dann den Professor hinzu. Da wusste ich schon, dass etwas nicht stimmte – und dachte mir meinen Teil ... Der Professor eröffnete uns dann, dass er sich das nicht erklären könne, aber dass die Kleine jetzt

normal hört. Wir haben ihm dann erzählt, dass wir gebetet haben. Der Professor sagte dann, „Es passieren doch medizinische Wunder", aber verstehen könne er es nicht.
Jedenfalls hört unsere kleine Tochter jetzt wieder, und wir wissen: Gott hat ein Wunder getan!

Warum manche nicht geheilt werden (Fortsetzung)

Gott heilt Menschen ohne Glauben (wie dieses Kleinkind Janina Schumann), und er scheint manchmal Menschen, von denen wir meinen, sie hätten großen Glauben, nicht zu heilen. Wir erleben beides. Nicht geheilt zu sein, sollte kein Anlass dazu sein, irgendwelchen Verdammungsgefühlen Raum zu geben, die sagen: „Ich habe keinen oder zu kleinen Glauben. Gott scheint immer die anderen zu heilen anstatt mich. Gott hat wohl kein Interesse an mir, sonst hätte er mich ja geheilt." Solche Gedanken oder Aussagen sind genau betrachtet ja nicht nur negative Statements, sondern auch negative Glaubensaussagen mit einschränkendem Charakter. Denken Sie an das Gleichnis der bittenden Witwe, das Jesus uns erzählt hat, mit der anschließenden Aufforderung, nicht nachzugeben beim Bitten.

„Jesus sagte ihnen durch ein Gleichnis, dass sie allezeit beten und darin nicht nachlassen sollten: In einer Stadt lebte ein Richter, der Gott nicht fürchtete und auf keinen Menschen Rücksicht nahm. In der gleichen Stadt lebte auch eine Witwe, die immer wieder zu ihm kam und sagte: Verschaff mir Recht gegen meinen Feind! Lange wollte er nichts davon wissen. Dann aber sagte er sich: Ich fürchte zwar Gott nicht und nehme auch auf keinen Menschen Rücksicht; trotzdem will ich dieser Witwe zu ihrem Recht verhelfen, denn sie lässt mich nicht in Ruhe. Sonst kommt sie am Ende noch und schlägt mich ins Gesicht. Und der Herr fügte hinzu: Bedenkt, was der ungerechte Richter sagt. Sollte Gott seinen Auserwählten, die Tag und Nacht zu ihm schreien, nicht zu ihrem

Recht verhelfen, sondern zögern? Ich sage euch: Er wird ihnen unverzüglich ihr Recht verschaffen. Wird jedoch der Menschensohn, wenn er kommt, auf der Erde (noch) Glauben vorfinden?" (Lukas 18, 1-8)

Warum Gott nicht alle heilt

Jesus motiviert uns, mit unserer bittenden Haltung dranzubleiben. Als meine Tochter im Urlaub krank und durch unser Gebet nicht geheilt wurde, hatte Gott offensichtlich einen anderen Plan. Der Arzt, der zu uns kam, wurde durch mein Gebet geheilt, und eine Glaubenswelle schwappte durch eine ägyptische Familie, die Gott dadurch näher kennen lernte, was schließlich dazu führte, dass Frau Muno später geheilt wurde. All das wäre nicht passiert, wenn meine Tochter sofort geheilt worden wäre. So glaube ich im Nachhinein verstanden zu haben, warum ihr damals nicht gleich geholfen wurde.

Was Satan zum Bösen dachte, wendet Gott zu einem wesentlich größeren Segen um. Auch meine Mutter wurde nicht geheilt, so dass sie wegen eines Venenleidens in eine Klinik musste. Sie redet noch immer begeistert davon, da das aus vielerlei Gründen für sie zu einem großen persönlichen Segen wurde. Die größte dieser Segnungen aber war, dass ihre Zimmernachbarin zum Glauben kam. Sie sagte, dafür hat sich die Venenoperation doch wirklich gelohnt. Geheilt hat sie, genauso wie meine Tochter, Gott letzten Endes, doch unter ärztlicher Hilfenahme. Verlieren Sie nie aus den Augen, dass Gott Ihnen und vielleicht sogar darüber hinaus anderen, über das Leid hinausgehenden, einen Segen zukommen lassen will.

Auf die Frage, warum Gott nicht alle Menschen heilt, scheint es für mich, nachdem alle nachvollziehbaren Gründe in Betracht gezogen und abgeklärt wurden, die einem Hindernis zur Heilung im Wege stehen, doch einen Grund zu geben, warum Gott in einigen Fällen nicht heilt. Wir können die Tatsache, dass trotz allem Glauben dieser Welt einige Menschen nicht geheilt werden, nur mit Gottes souveränem Handeln erklären. Gott selbst entscheidet, wen er hier auf Erden und wen er erst im Himmel heilt. Wir können mit unserem Glauben Gott weder kontrollieren noch manipulieren.

Die Bibel sagt uns, dass wir nur Stückwerk erkennen. So beschreibt sie das im 1. Korinther 13, 9 und 12: „Denn Stückwerk ist unser Erkennen, Stückwerk unser prophetisches Reden; ... jetzt schauen wir in einen Spiegel und sehen nur rätselhafte Umrisse, dann aber schauen wir von Angesicht zu Angesicht. Jetzt erkenne ich unvollkommen, dann aber werde ich durch und durch erkennen, so wie ich auch durch und durch erkannt worden bin." Leider können wir nicht alles wissen, was man wissen sollte. Analytisches Herumstochern (meist noch religiös frei assoziierend) führt in der

Bloßes analytisches Erkennen eines Problems hat noch keines gelöst.

Regel nur in eine Sackgasse oder zu sehr viel neuen Fragen. Die Zunahme der spekulativen Fragen oder die Interpretation, woher das Leid kommt, wird das Problem auch nicht lösen.

Eine solide Anamnese unter Einbeziehung moderner technischer und medizinischer Hilfsmittel, kombiniert mit dem kompetenten Wissen und den Erfahrungen eines Arztes, können unter anderem weit mehr Objektivität in die Sachlage bringen.

Obwohl etliche Christen mit dem geistlich-analytischen rekonstruierenden Ansatz für die Ursachenforschung der Krankheit arbeiten, und dann mit dem Brechen innerer Schwüre, Flüche und Eide, dem Befreiungsgebet und der inneren Heilung wunderbare Resultate erzielen, gehe ich, wenn es in Großveranstaltungen um körperliche Heilung geht, einen anderen Weg. Ich glaube, dass die „starke Salbung" wirklich die zentrale Kraft ist, die jedes Joch der Krankheit zerbrechen kann und Dämonen ohne lange Gebete schlagartig bindet oder in die Flucht schlägt.

Die meisten Heilungen, die in unseren Gottesdiensten geschehen, haben nur in sehr geringem Maße mit der Analyse des Ursprungs des Leidens zu tun. Ohne es verallgemeinern zu wollen, scheinen die Heilungen zumeist von drei Hauptfaktoren abhängig zu sein. Erstens von der prophetischen Offenbarung darüber, welche Heilungen der

Heilige Geist gerade für diesen Gottesdienst geplant hat, zweitens dem Stärkegrad der Heilungskraft, mit der man Kranken dient, und drittens dem Stärkegrad des Glaubens, der die vorhandene Heilungskraft wirkungsvoll potenziert.

Es gibt so viele Gründe, warum Menschen geheilt oder nicht geheilt werden, dass es nahezu unmöglich ist, persönlichen Anspruch darauf zu erheben, man habe den göttlichen differentialdiagnostischen Durchblick. Deshalb betrachte ich es als hoch problematisch, wenn man Ungeheilten von vornherein erheblichen Glaubensmangel verallgemeinernd in die Schuhe schiebt. Das ist weder fair noch unser Stil.

Verallgemeinernde Antworten über die Warum- und Wie-Fragen werden dem Heilungsthema nie sonderlich Rechnung tragen können. Daher kann ich auf die Frage, warum Menschen nicht geheilt werden, auch keine schlüssige Antwort geben. Aus diesem Grund möchte ich vereinfacht sagen, unser Job ist beten, und Gottes Job ist heilen. Warum dann mal mehr und mal weniger Menschen geheilt werden, kann ich mir nicht immer erklären.

Keine Heilung – was tun?

Auch diese Frage wird zunächst weiter im Raum hängen, da wir nicht alles wissen können wegen unseres Stückwissens.

Wenn wir erkennen, dass wir die nötigen Antworten nicht haben, sollten wir zu dem Punkt kommen, dass wir auch nicht alles wissen müssen, solange wir den kennen, der alles weiß. Es kehrt ein wahrer entlastender Friede in uns, wenn wir zu dem Punkt kommen, dass wir nicht alles verstehen können, was passiert oder nicht passiert. Wir müssen Gott in allem vertrauen – auch und gerade in den Dingen, die wir nicht verstehen. Ich selbst habe Gottes Spontanheilung an mir erlebt, aber ich kenne auch die

Aber anstatt sich auf das zu konzentrieren, was wir nicht wissen, sollten wir unseren Blick und Glauben auf den richten, der alles weiß.

Zeiten, wo ich durch eine gesamte Krankheitsperiode ging, die viel Zeit in Anspruch nahm. Auf die Frage, warum Menschen, die großen Glauben zu haben schienen, dann leider doch starben, habe ich keine Antwort. – Wenn wir durch eine lange Krankheitsperiode gehen, ist es wichtig, im Glauben und Vertrauen die Gnade Gottes täglich zu empfangen. Wir gehen mit Gott dann gemeinsam durch das Tal unserer Not. Er verspricht uns: „Ich werde dich nicht verlassen noch versäumen." Auch, wenn wir nicht alles verstehen und einordnen können, so sollten wir uns glaubensvoll an Gott wenden, der uns, seine Kinder, liebt. Halten wir uns stets vor Augen, was in Römer 8,31 steht:

> „Was ergibt sich nun, wenn wir das alles bedenken? Ist Gott für uns, wer ist dann gegen uns? Wenn Gott für uns ist, wer mag wider uns sein?"

Sind wir einmal hinten, ist hinten vorne, weil Gott mit uns ist. Vertraue Gott weiter, und zwar mit kindlichem Glauben. Im Hebräer heißt es: „Werft also eure Zuversicht nicht weg, die großen Lohn mit sich bringt." (Hebräer 10, 35)

Wenn Gott, der heilt, nicht sofort heilt

Können wir Gott vertrauen, dass wir heute geheilt sind, ohne ein Resultat zu sehen? Ist es möglich, im Glauben mit Gott vorwärts zu schreiten, auch wenn Gott offensichtlich noch nicht sofort zu heilen scheint? Beide Fragen können mit Ja beantwortet werden. Als Daniel zu Gott betete, verhinderte der Teufel einundzwanzig Tage lang Gottes Antwort. Am 21. Tag beauftragte Gott den Engel Michael, der Daniel mit der ersehnten Antwort segnete. Michael sprach: „Oh Daniel, du Vielgeliebter, vom ersten Tag an ist dein Wort erhört worden." Manchmal scheinen Gottes Segnungen und Heilungen, die zu uns unterwegs sind, in einer zeitlich begrenzten Warteposition oder Warteschleife zu ruhen, um anschließend, immer noch rechtzeitig, einem unsichtbaren Signal Gottes folgend, bei uns einzutreffen. Wenn Gott sagt: „Warte noch ein bisschen", heißt das nicht, dass Gott unser Gebet nicht erhört hätte. Wenn Gott sagt, warte, dann arbeitet er noch an einigen Dingen, die für unser Leben oder für das von anderen Menschen wichtig sind.

Maria und Martha warteten auf Jesus, dass er ihren kranken Bruder Lazarus heilte. Jesus schien zu spät zu kommen, denn Lazarus war inzwischen gestorben. Trotz etwas Verspätung setzte dann doch die Totenauferweckung des Lazarus eine größere Glaubenslawine über der Region frei, als das eine normale Heilung getan hätte. Aus all dem eben Beschriebenen können wir Folgendes ableiten:

Wir können beten, über Gottes Heilungszusagen meditieren, sie glaubensvoll annehmen und verinnerlichen – und trotzdem hat Gott sein göttliches Timing für die Manifestation der Heilung. Trotz all unseres Glaubens und Betens setzt Gott fest, wann wir geheilt werden. Bis dahin sollten wir Gott für all das danken, was er schon getan hat und noch tun wird. Ich möchte Sie ermutigen, gerade dann weiter zu danken, weiter zu beten, weiter über seinen Verheißungen zu meditieren, sie auszusprechen und auszusingen, wenn Ihre Heilung noch nicht sichtbar ist. Bedenken Sie: Gottes Heilung kommt nie zu früh oder zu spät. Gottes Heilung kann hier sofort geschehen oder sie kann an einem späteren Zeitpunkt sichtbar werden.

Es gibt mehr als körperliche Heilung

Wir können von schlimmen Krankheiten durch Gott geheilt werden – und dennoch werden wir alle einmal sterben wie die, die Jesus einst geheilt hat. Die Heilung der Seele, die Heilung unseres Geistes, der ewig existiert, ist weit wichtiger als irgendeine Heilung im physischen Bereich.

Die Bibel betont, dass Christen vom Tod erlöst werden, nicht aber vom Sterben. Im Sterben verlassen wir nur unsere sterbliche Hülle, unsere irdische Verpackung, die wir mit einem zeitlich begrenzten Verfallsdatum mitbekamen. Dass Gesundheit, bezogen auf die Ewigkeit, nicht alles ist, hat Jesus selbst formuliert. Er sagte nämlich:

> „Es ist besser für dich, einäugig in das Leben zu gelangen, als mit zwei Augen in das Feuer der Hölle geworfen zu werden."
> (Matthäus 18, 9)

Mit anderen Worten lehrt er noch etwas durch eine weitere Frage, die in seiner Aussage impliziert ist. Bedeutet irdische Heilung mehr als einen Platz im Himmel? Die eindeutige Antwort lautet: „Nein." Der Schwerverbrecher, der neben ihm am Kreuz hing, wurde auch nicht geheilt, jedoch bekam er die göttliche Zusage: „Noch heute wirst du mit mir im Paradies sein."

Etliche Sünder und Krebskranke werden ins Himmelreich kommen, sofern sie Jesus wie der Mann anerkennen, der neben Jesus am Kreuz hing. Deswegen ist die wichtigste Heilung die Heilung unserer Gottesbeziehung. Viele Menschen sind auf ihrem Sterbebett Jesus begegnet, der sie in eine neue, bessere Lebensdimension abholte. Vergessen wir nicht, dass unser Leben auf Erden hier nur ein Durchgangsstadium ist. Der innere Mensch wird immer erlöst, nicht immer aber erleben wir, dass unser Körper geheilt wird.

Geistliche Heilung des inneren Menschen oder des Geistes kann jeder erleben, der sich nach einer Gottesbeziehung im Gebet ausstreckt.

Das Resultat ist das größte Wunder überhaupt, nämlich das Geschenk des ewigen Lebens.

Die Bibel lehrt, dass die Seele hoch wandert zu Gott in die Nähe seines Altars. Sich von seinem Körper gelöst zu haben bedeutet, in der Gegenwart Gottes zu sein. Wenn ich also eines Tages tot umfalle, fällt mein Körper auf den Boden, aber mein Geist löst sich von der abgestorbenen Materie meines Fleisches direkt in die Gegenwart Gottes hinein. Mit dem Tod verlassen wir unseren Körper wie der Schmetterling seinen Kokon, um in eine neue Welt zu treten. Unseren Körper, den wir zurücklassen, brauchen wir jetzt nicht mehr, da wir eine andere Form annehmen, die wir in Ewigkeit besitzen werden.

Abwesend vom Körper zu sein heißt für mich dann, in der Gegenwart Gottes zu leben. In dem Moment, wo ich sterbe, bin ich bei ihm. Menschen massieren vielleicht noch mein Herz, reanimieren den zuckenden Körper, doch dann überlegen sie, in welche Kleider sie mich stecken, welches Sargmodell zu mir passt (oder zu ihrem Geldbeutel), welche Lieder am Grab gesungen werden sollen, wenn ich herabgelassen werde, wer die Beerdigungspredigt hält und für welchen guten Verwendungszweck das Geld, das eingesammelt wird, verwendet werden soll. Das alles macht mich nicht mehr reicher; denn im größten Reichtum bewege ich mich dann bereits, in der wunderbaren Gegenwart Gottes.

Manch einer fragt, ob das Thema Tod nicht bei dem Glauben für Heilung ausgeblendet wird oder zu kurz kommt. Beides glaube ich nicht. Denn schließlich sind sogar alle, die Jesus damals heilte, heute tot. Mir selbst blutet jedes Mal das Herz, wenn ich liebe Freunde beerdigen muss. Es ist wahr, dass einige Heilungen sich erst in der Ewigkeit ereignen werden und nicht hier zu Lebzeiten auf Erden.

Gott heilt scharenweise Menschen in Raum und Zeit, doch wir erleben auch, wie im Fall meiner inzwischen verstorbenen Schwiegermutter, dass Gott erst in der Ewigkeit heilend eingreift. Ihre größte Heilung jedoch, nämlich ihre Errettung, empfing sie kurz vor ihrem Tod. Diese Heilung der Gottesbeziehung ist viel wichtiger als irgendeine physische Heilung, denn nicht der Tod ist unser größtes Desaster, sondern die ewige Verdammnis, auch Hölle genannt, ist es. Wenn wir unseren Lauf hier auf Erden beendet haben, so wird es nicht von Bedeutung sein, dass wir geheilt, sondern dass wir errettet unseren Lauf beendet haben.

Wenn Gott Sie oder mich nicht heilt, können wir mit ihm im Glauben durch den Sturm der Schmerzen gehen oder mit ihm Hand in Hand durch den Tod ins ewige Leben treten. Das Positive am Tod für einen überzeugten Christen ist doch, dass man mit ihm den letzten endgültigen Weg zur Heilung aus einer gefallenen und entgleisten Welt geht. Wir treten dann erlöst und geheilt in eine neue erfüllende, unbeschreibliche Lebensdimension der Nähe Gottes. Mit Paulus können wir dann sagen: „Tod, wo ist dein Stachel, Hölle, wo ist dein Sieg?" Gott selbst entscheidet nach seinem Ratschluss, wen er heute und wen er „morgen" erst heilt.

Kein Weg ins ewige Leben außer durch Jesus

„Jesus erwiderte ihr: Ich bin die Auferstehung und das Leben. Wer an mich glaubt, wird leben, auch wenn er stirbt, und jeder, der lebt und an mich glaubt, wird auf ewig nicht sterben. Glaubst du das?" (Johannes 11, 25-26)

Wir Menschen bestehen nicht nur aus Fleisch und Blut, sondern wir sind obendrein auch noch Geist. Dein Geist ist dein wahres Selbst, er ist unsichtbar und wird ewig leben. Im Moment unseres Sterbens sehen wir noch für einige Sekunden unseren abgestorbenen Körper, um dann außerhalb unseres Körpers weiterzuleben. Wie ich bereits erklärte, bedeutet die Trennung vom Körper für einen gläubigen Christen nichts anderes als in der Gegenwart Christi zu leben, zu sein. Der Tod ist der Sünde Lohn, erklärt uns die Bibel. Warum ist der Tod der Lohn der Sünde? Um es kurz zu machen, weil die Sünde einer aus dem Willen Gottes gefallenen Welt den Tod hervorbringt. Lassen wir uns noch eine Aussage der Heiligen Schrift betrachten: „Denn der

Lohn der Sünde ist der Tod, die Gabe Gottes aber ist das ewige Leben in Christus Jesus, unserem Herrn." (Römer 6,23) Ohne dass Jesus den Preis für die Sünde am Kreuz bezahlte, gibt es kein ewiges Leben bei Gott. In dem Moment, wo wir Jesus als unseren Herrn und Gott anerkennen, empfangen wir Vergebung und unser Geist das Geschenk des ewigen Lebens. Jesus selbst sagt:

> „Euer Herz lasse sich nicht verwirren. Glaubt an Gott und glaubt an mich! Im Haus meines Vaters gibt es viele Wohnungen. Wenn es nicht so wäre, hätte ich euch dann gesagt: Ich gehe, um einen Platz für euch vorzubereiten? Wenn ich gegangen bin und einen Platz für euch vorbereitet habe, komme ich wieder und werde euch zu mir holen, damit auch ihr dort seid, wo ich bin. Und wohin ich gehe, den Weg kennt ihr." (Johannes 14, 1-4)

Das Leben in unserem vergänglichen Erdenkörper ist doch nur ein kleiner Teilausschnitt unserer wirklichen Existenz. Unser Sterben in Gott ist deshalb irgendwann ein Umzug in eine schönere Wohnung. Mit dem Beten dieses Gebetes haben Sie die Weichen für den richtigen Kurs in die Zukunft gestellt.

Gott möchte Ihnen gerne die Gabe des ewigen Lebens als Geschenk zuteil werden lassen. Das zentrale Anliegen Jesu ist es, Ihnen gerade das Geschenk, auf Ewigkeit hin gerettet zu sein zu vermitteln, und Sie obendrein mit seinem Heiligen Geist zu erfüllen.

Wenn Sie also noch nie Jesus, den Sohn Gottes, der für unsere Sünden starb und von den Toten auferstand, als Ihren Retter und Erlöser (in Raum und Zeit, aber auch danach in Ewigkeit) in Ihr Leben eingeladen haben, dann tun Sie es doch gerade jetzt. Wenn es Ihnen um die Verbindung zu unserem Gott ernst ist und auch Sie dieses neue Leben in Christus erfahren wollen, dann beten Sie mit mir.

Vater im Himmel,
weil du diese Welt so sehr geliebt hast, gabst du deinen einzigen Sohn, der auch für meine Sünden starb, damit jeder,

der an ihn glaubt, nicht verloren gehe, sondern das ewige Leben hat. Jesus, ich vertraue dir mein Leben an, denn ich glaube an deinen Tod und Auferstehung.

Ich bekenne, dass ich durch nichts außer deiner Gnade das ewige Leben erhalte.

Ich glaube und bekenne mit meinem Mund, dass Jesus der Herr ist und gleichzeitig mein Erretter auf Zeit und Ewigkeit hin ist.

Ich glaube, dass er am Kreuz für mich starb und den kompletten Preis stellvertretend für all meine Sünden bezahlt hat.

Ich bitte dich, mir meine Sünden zu vergeben, und widersage Satan und allen seinen Werken. Ich empfange jetzt deine Vergebung und damit auch das ewige Leben.

Ich bekenne: Jesus, du bist nun mein Herr und Heiland geworden. Gemäß deinem Wort, der heiligen Schrift, bin ich nun errettet und verbringe alle Ewigkeit bei dir.

Heiliger Geist, komme und erfülle mich und leite mich in alle göttliche Wahrheit.

Danke, Gott, dass mich jetzt nichts mehr aus deiner Hand reißen kann, weder in dieser irdischen Welt noch in der geistlichen. Danke für deine Liebe und das Leben, das von dir in mich strömt. Ich danke dir, Gott, Vater, Sohn und Heiliger Geist für allen Segen in Jesu Namen.

Amen.

Zur Vertiefung der Tatsachen, die mit diesem Gebet einhergingen, empfehle ich noch, folgende Bibelverse im Selbststudium zu lesen:

Denn Gott hat die Welt so sehr geliebt, dass er seinen einzigen Sohn hingab, damit jeder, der an ihn glaubt, nicht zugrunde geht, sondern das ewige Leben hat. (Johannes 3, 16)

Wenn wir unsere Sünden bekennen, ist er treu und gerecht; er vergibt uns die Sünden und reinigt uns von allem Unrecht. (1. Johannes 1, 9)

Wir haben gesehen und bezeugen, dass der Vater den Sohn gesandt hat als den Retter der Welt. Wer bekennt, dass Jesus der Sohn Gottes ist, in dem bleibt Gott, und er bleibt in Gott. Wir haben die Liebe, die Gott zu uns hat, erkannt und gläubig angenommen. (1. Johannes 4, 14-16)

Meine abschließende Empfehlung ist Folgende: Suchen Sie sich eine Gemeinde, in der Sie Menschen finden, die im gleichen Glauben unterwegs sind, und von denen Sie mehr über die dynamische Seite des christlichen Glaubens lernen können.

Was tun, um die Heilung nicht wieder zu verlieren?

Widerstehen Sie dem Feind, in dem Sie bewusst ein heiliges Leben führen

Wollen Sie wissen, warum Menschen nicht alles von Gott haben, was er ihnen in seinem Wort versprochen hat? Wollen Sie auch wissen, warum etliche Menschen diese Segnungen wieder verlieren, die sie einmal hatten? Die Antwort lautet: Seine Segnungen halten sich dort nicht sehr lange, wo Sünde vermehrt ins Spiel gekommen ist. Für Jesus war es klar, dass Krankheit ihre Wurzeln in einer gefallenen sündigen Schöpfung hat. Demnach würde die empfangene Heilung am besten durch ein sündenfreies Leben aufrechterhalten werden. Deshalb betont er bei einem Mann, den er heilte: „Jetzt bist du gesund; sündige nicht mehr, damit dir nicht noch Schlimmeres zustößt." (Johannes 5, 15) Etliche Menschen wurden sofort geheilt, als sie mit Gott ins Reine kamen. Die Zahl derer, die geheilt wurden und geheilt blieben, steht in engem Zusammenhang mit einem Lebensstil bewusster Sündenfreiheit. Mehr als Heilung aber ist die Gegenwart des Heilers, der bei uns bleibt. Bleiben Sie in seiner Gegenwart, und die erworbene Heilung wird bei Ihnen bleiben.

Jürgen Krüger erzählt

Im Rückblick sehe ich, dass es Gottes Gnadengeschenk war, dass ich damals mit 24 Jahren von Alkohol und anderen Drogen befreit wurde. Dabei war ich so tief drin, dass ich aus ärztlicher Sicht nicht mehr lange leben konnte. Aber ich wachte eines morgens auf und der Zwang, zu trinken, war von mir genommen, ich war frei. Danach folgte noch eine Entgiftung und eine Therapie, aber ich musste nie wieder trinken. Durch das Zwölf-Schritte-Programm der Anonymen Alkoholiker kam ich zu dem

Glauben, dass es Gott war, der mich befreit und liebt. Er wollte, dass ich lebe.

Durch meine Vergangenheit hatte ich mir eine Hepatitis C zugezogen, die chronisch wurde. Man bekommt Hepatitis C nur durch Blutkontakt oder durch Geschlechtsverkehr. Ich machte vor meiner Bekehrung eine Interferontherapie gegen die Hepatitis C, doch die Viren kamen wieder. Nachdem ich mein Leben Jesus übergeben hatte, fing ich wieder mit einer Interferontherapie an und ging zum Heilungsgottesdienst ins CZW. Ich betete zu Hause oft um Heilung. Für mich war es sehr wichtig, bei Gott und auch bei anderen Christen die Sünden zu bekennen, durch die ich mir diese Krankheit geholt hatte. Buße tun und eindeutiges Bekennen waren für mich Teil meiner Heilung. Und jetzt ist es für Gott und für mich vorbei. Denn nach zwei Monaten war ich frei von Viren und bin es bis heute geblieben. Ich bin geheilt, und ich glaube, dass Gott mir diese Heilung geschenkt hat.

Eine andere Heilung, die ich erlebt habe, war die von 32 Dornwarzen an den Füßen. Die Warzen waren hartnäckiger als Unkraut. Ich habe wirklich vieles versucht, um sie loszuwerden, ich war ja Tänzer für Standard und Latein, und die Füße taten mir oft weh beim Tanzen. Ich ließ die Warzen vereisen, schabte sie mit einem Hobel ab, bestrich sie mit Salbe, ließ sie rausschneiden und besprechen, aber sie wurden eher mehr als weniger. Ich wusste nicht weiter, und ich habe irgendwann in meiner Not zu Gott geschrien – er befreite mich in einer Nacht spurlos von allen 32 Warzen. Das war ein echtes Wunder, und damals war ich noch gar kein Christ.

Ich hatte außerdem vier Hämorrhoiden, das waren höllische Schmerzen. Weil ich vor dem Veröden Angst hatte, hatte ich schon einen Termin beim Arzt verschoben. Aber es brannte und stach weiter. Da habe ich abends gebetet wie ein Kind, dass der Herr Jesus mir bitte dieses Leiden nimmt. Am nächsten Morgen waren sie alle verschwunden, und ich konnte den Termin beim Arzt ganz absagen.

Ich fing auch an, selber Bücher über Heilung zu lesen, und besuchte regelmäßig die Heilungsgottesdienste des CZW. Vier Jahre lang hatte ich Tinnitus beidseitig. Wegen der Erschöpfungszustände und der Depressionen konnte ich schon nicht mehr arbeiten gehen, und wurde deshalb arbeitslos. Bei zwei Heilungsgottesdiensten bekam ich Gebet, und danach war ich frei. Ich brauchte keine Behandlung mehr, keine Ohrenstopfen und auch keinen Noiser (das ist ein Gerät zur Übertönung des Tinnitus).

Für mich war das wichtigste Eingreifen Gottes aber ein anderes: Ich war unfähig, in Beziehung zu leben und daher getrennt von meiner Partnerin und unserer gemeinsamen Tochter. Denn es gab oft Krach und Streit, und ich erkannte meine eigene Machtlosigkeit gegenüber diesen Ausbrüchen. Gewalttätig war ich nicht, aber wenn diese Gefühle in mir aufstiegen, war es nicht auszuhalten mit mir. Ich kam mir vor wie besessen, und meine Partnerin trennte sich von mir. Ich war alleine mit der Grabeskälte in meinem Inneren. Mir war klar, dass ich allen Frauen in meinem Leben heimzahlen wollte, was ich in meiner Kindheit an Verletzungen erlitten hatte. Und über vierzehn Jahre Therapie konnten diese Rebellion, die Wut und den Hass nicht heilen, sie gaben mir nur das psychologische Bewusstsein dafür. Eines hatte ich als alter „Therapie-Hase" erfahren: Heilen und Vergeben kann nur Jesus Christus. An der Hepatitis C zu sterben hätte ich ertragen, aber dieser Hass in mir war noch schlimmer.

An einem Sonntag im Juli 2000 regnete es wie aus Eimern, und ich hatte stark den Eindruck, ich sollte ins CZW fahren, ja, es war fast wie ein Sog. An dem Abend predigten dort Frauen aus Uganda, und es war erst ganz normal, bis einer der Pastoren vorschlug, diesen Frauen symbolisch die Füße zu waschen. In mir wurde es heiß und es kribbelte, mein Herz fühlte sich in diesem Moment butterweich an. Ich wusste, ich musste da vorne hin, ich habe gar nicht erst mit Gott diskutiert, wie sonst oft. Ich ging nach vorne und berührte mit einem Tuch die Füße einer dieser Frauen. Danach ging ich auf meinen Platz und mir kamen die Tränen. Die Feindseligkeit und der Hass waren weg. Gott hat mich durch seinen Heiligen Geist befreit, und die Gefühle sind nie mehr wiedergekommen.

Früher hatte sich meine Ex-Partnerin von mir Wiedergutmachung gewünscht für die vielen Verletzungen, die sie durch mein Verhalten hatte. Aber nichts schien anzukommen. Jetzt aber wusste ich, was ich tun musste. Mein Verhalten machte einen Demutsakt notwendig. Damals war meine ehemalige Partnerin aktiv auf der Suche nach einem anderen Partner, und das Schlitzohr in mir dachte: „Dann muss ich ihr ja nicht mehr die Füße waschen." Ich habe es trotzdem getan. Das war ein stiller, heiliger Moment. Und dann bin ich gefahren und war traurig, dass sie so fest entschlossen war, sich einen anderen Mann zu suchen. Wir sahen uns aber ab und an, und nach ein paar Tagen sagte sie: „Jürgen, Du bist wie umgewandelt!" – Jetzt sind wir verlobt und heiraten nächsten Monat.

Zum Schluss möchte ich noch sagen, dass Gott sich wahrscheinlich wirklich mein Wandern durch die große Wüste des Lebens auf sein Herz genommen hat, wie es in meinem Taufspruch im 5. Mose 2, 7 heißt. Es ist schön und schafft Vertrauen in mir, bei Gott zu Hause zu sein und sein Kind zu sein.

Bernhard Gaberer erzählt

Nun, ich war ja schon übergewichtig, das wusste ich selbst – aber diese Diagnose schockierte mich jetzt doch: Fettleber. Der Arzt machte mir, weil ich ja nun auch schon fortgeschritteneren Alters war und eine vorgeschädigte Leber hatte, wenig Hoffnung, dass ich das Problem in den Griff bekommen könnte. Aber der Doc sagte auch, dass bei einer Ausschaltung der Ursache (nämlich eine Ernährungsumstellung, die die relative Kohlenhydratüberlastung ausgleicht) eine Rückbildung völlig möglich ist, ansonsten drohte der Übergang in die Fettzirrhose.

Wer je eine Diät begann, und hinterher doch wieder Kilos draufschlug, der weiß, wie schwer es ist, sich und seine Ernährungsgewohnheiten völlig umzustellen. Ich tat also, was ich mit jedem Problem tue: Ich brachte es im Gebet vor Gott, und er hat es geschafft – ein Jahr später war meine Leber bei dem Routinecheck völlig okay. Gott und meine liebe Frau haben mir geholfen, mich und meine Ernährung umzustellen.

Bewusst ein heiliges Leben führen (Fortsetzung)

Viel vermag das inständige Gebet eines Gerechten: „Bekennt einander die Sünden und betet füreinander, damit ihr geheilt werdet." (Jakobus 5, 16)

„Sucht die Nähe Gottes; dann wird er sich euch nähern. Reinigt die Hände, ihr Sünder, läutert euer Herz, ihr Menschen mit zwei Seelen! Naht euch zu Gott, so naht er sich zu euch." (Jakobus 4, 7)

Wenn Sie ein Grundstück erwerben wollen, müssen Sie konkret kalkulieren, ob Sie wirklich bereit sind, den Preis dafür zu bezahlen. Genau so verhält es sich mit der erworbenen Gesundheit.

Beseitigung von Heilungshindernissen

Vor einigen Jahren stand ich in Frankfurt vor einer Frau, die um Gebet für die Heilung ihres arthritischen Armes nach vorne gekommen war. Sie erzählte mir, dass sie mit ihrem Arm, der schlaff nach unten hing, und ihrer schmerzhaften Hand nicht einmal mehr Kartoffeln richtig schälen und ihren Arm nicht mehr richtig heben könne. Als ich meine Hand auf ihre Stirn legte, um mit einem Gebet zu beginnen, sah ich plötzlich durch meine geschlossenen Augen das Wort Bitterkeit. Ich stoppte sofort und fragte sie, ob sie von jemandem in der Vergangenheit sehr verletzt worden sei. „Wie kommst du darauf?", fragte sie, „Ja, ich bin von meinem Mann sehr verletzt worden, und zwar vor vielen Jahren." „Könnte es sein, dass diese intensive traumatische Verletzung in deinen Gedanken immer wieder aufsteigt und erneut Wut und Bitterkeit erzeugt?", so lautete meine Folgefrage. Sie bejahte das. Sie sagte weiter: „Ich komme einfach nicht darüber hinweg und leide nach all den Jahren noch genau so heftig darunter, als sei es gerade erst gestern passiert."
Ich sagte ihr, dass ich gerne für sie beten würde, aber dass sie zuerst ihrem Mann laut vor mir Vergebung aussprechen sollte. Es kostete einige Überwindung bei der Frau, meinem vorformulierten Vorschlag zu folgen. „Ich vergebe dir und lasse meine Wut, meinen Hass und meine Bitterkeit los im Namen Jesu." Das letzte Stück Weg zu ihrer Heilung war von nun an ein Kinderspiel. Ich berührte die Schulter ihres arthritischen Armes für einige Sekunden und sagte: „Im Namen Jesu, sei geheilt. Bewege jetzt deinen Arm." Sie hob ihren Arm, be-

wegte ihr Handgelenk und begann vor Freude zu weinen. Gott hatte ihren Arm in einer Sekunde komplett geheilt.

„Denn wenn ihr den Menschen ihre Verfehlungen vergebt, dann wird euer himmlischer Vater auch euch vergeben. Wenn ihr aber den Menschen nicht vergebt, dann wird euch euer Vater eure Verfehlungen auch nicht vergeben." (Matthäus 6, 14-15)

Aus diesem Text wird deutlich, dass, wenn wir durch eine Person verletzt werden, unser Nicht-Vergeben eine Blockade zwischen uns und Gottes Segen aufbaut. Leider ist es eine Tatsache, dass wir Menschen häufig das Talent entwickeln, die Vergangenheit immer wieder neu aufzuwärmen und wiederzubeleben, um erneut an ihr zu leiden, selbst wenn diese Verletzungen schon Jahre bis Jahrzehnte zurückliegen und die Person, die einen verletzte, heute munter und fröhlich pfeifend durchs Leben geht, ohne sich den Kopf über das zu zerbrechen, was sie vor Jahren angerichtet hat. Infolge dieser geistigen Fehlhaltung durchleiden Menschen immer wieder neu das alte zurückliegende Trauma.

Lange bevor wir physisch an den Folgen von Bitterkeit und Verhärtung leiden, begann alles zunächst einmal mit einer Stinkwut, die wir im Bauch hatten. Diese Wut entlud echte Adrenalin-Exzesse in unseren Körper, so dass noch nicht einmal die Nieren in der Lage sind, diese Masse richtig zu verarbeiten. Die Folge ist, dass diese immer wiederkehrenden exzesshaften Adrenalinausschüttungen sich in den Gelenken ablagern, was einen Grund für eine entstehende Arthritis darstellt.

Aus diesem Grund ist es sinnvoll, bei vorhandener Arthritis sein Leben unter diesem Aspekt der Unversöhnlichkeit deutlich unter die Lupe zu nehmen, um gegebenenfalls den Teufelskreislauf durch Vergebung zum Stoppen zu bringen. Natürlich behaupte ich nicht, dass jeder Form von Arthritis eine Bitterkeit zu Grunde liegt, es gibt natürlich noch andere Ursachen. Ein von Bitterkeit gezeichneter Mann wurde ganz nebenbei von seinem langjährigen Asthmaleiden geheilt, als er seinen Eltern wegen der vielen Ablehnung, die er erfahren hatte, vergeben hatte.

> „Wenn du deine Opfergabe zum Altar bringst und dir dabei einfällt, dass dein Bruder etwas gegen dich hat, so lass deine Gabe dort vor dem Altar liegen; geh und versöhne dich zuerst mit deinem Bruder, dann komm und opfere deine Gabe." (Matthäus 5, 14-15)

Bevor wir unsere Heilungsdienst-Gottesdienste durchführen, geben wir den Menschen, die Heilung suchen, in einem einstündigen Vorprogramm vor dem Gottesdienst die Möglichkeit, im vertrauten Rahmen ihre Sünden zu bekennen und denen zu vergeben, die sie schwer verletzt haben. Sie empfangen den Zuspruch göttlicher Vergebung durch einen Mitarbeiter und feiern danach das heilige Abendmahl.

> „Wenn wir unsere Sünden bekennen, ist er treu und gerecht; er vergibt uns die Sünden und reinigt uns von allem Unrecht." (1. Johannesbrief 1, 9)

Exkurs: Dem Teufel widerstehen durch Hausputz in der Gedankenwelt

Ein junger Mann mit verbittertem und verhärtetem Gesicht sowie einem Hautausschlag an Gesicht, Hals und Armen kam in die Aussprache. Inzwischen weiß ich, dass manche Hautprobleme ein Spiegelbild der Seele sind. Ich brauchte ihm nicht lange zuzuhören, da wusste ich, dass er im Wettbewerb für negative Selbstbilder auf jeden Fall den Meistertitel bekommen hätte. Um es kurz zu machen, er litt neben seinem Hautproblem an einer kultivierten Selbstverachtung, einem ausgeprägten negativen Reden. Mit großer Wahrscheinlichkeit lag die Wurzel seiner Not in der Summe mütterlicher Ablehnung. Das Ziel des Gespräches war es nun, dass er seiner Mutter im Gebet vergeben sollte. Als er im Gebet Gottes Kraft in Anspruch nahm, seiner Mutter aktiv zu vergeben, verschwand das Hautproblem in zwanzig Minuten.

Vier Wochen später hatte er den Ausschlag erneut. Der junge Mann war wieder in das alte Muster von Bitterkeit, Wut und negativem Reden verfallen. Bereits zehn Minuten nach einem Gebet war der Ausschlag wieder verschwunden. Er hatte Gott um Vergebung für seine Haltung gebeten und beschloss, nun eine positive Lebenseinstellung zu kultivieren und das mit allen seelsorgerlichen Hilfsmitteln. Der junge Mann hatte den richtigen Weg eingeschlagen, da Bitterkeit und Hassgefühle sinnlos sind und da sie uns nur Kraft, Nerven und Gesundheit kosten und vielleicht einige Magengeschwüre eintragen. Bitterkeit gegen Eltern oder Ehepartner kann zu erheblichen Rückschlägen in Sachen Heilung führen und so unser Leben erheblich verkürzen. Deshalb sagt die Bibel in Epheser 6,2 und 3: „Ehre deinen Vater und deine Mutter: Das ist ein Hauptgebot, und ihm folgt die Verheißung: Damit es dir gut geht und du lange lebst auf der Erde."

Aus der Seelsorge an Menschen wissen wir, dass vom negativen Reden und Denken eine Leben zerstörende Kraft ausgeht. In dem biblischen Buch der Sprüche heißt es (13,3): „Wer seine Lippen hütet, bewahrt sein Leben, wer seinen Mund aufreißt, den trifft Verderben." Wir sollten uns bewusst für Gesundheit entscheiden, zu dieser Entscheidung gehört ein Lebensstil der Vergebung und der Versöhnung und der Kontrolle über unsere Zunge. Diese ist nämlich in der Lage, in kurzer Zeit bereits verschwundene Krankheitsberge wieder auf uns herabzurufen. „Leben und Tod lege ich dir vor, Segen und Fluch. Wähle also das Leben, damit du lebst, du und deine Nachkommen." (5. Mose 30, 19)

Stellen wir uns doch für eine kurze Zeit einen Bergsteiger vor, der viele Stunden auf einem falschen Weg marschiert ist, der ihn geradewegs auf einen Abgrund zuführt. Wenn er vernünftig ist, macht er sofort kehrt, nachdem er seinen Fehler erkannt hat. Er geht sogar freiwillig die mühevolle Wegstrecke zurück, da er erkennt, dass dies der einzige Weg ist, um sein Leben zu retten. Kehren Sie um auf dem falsch eingeschlagenen Weg negativer Haltungen. Legen Sie einen neuen Kurs ein. Dies ist ein Lebensprozess. Sobald das alte Denk- und Sprechmuster durchbrechen will, stoppen Sie es sofort. Beten Sie zu Gott: „Mit dir kontrolliere ich, was ich sage und was ich denke und wie viel Aufmerksamkeit ich welchen Gedanken widme."

„Mancher Leute Gerede verletzt wie Schwertstiche, die Zunge der Weisen bringt Heilung." (Sprüche 12, 18)

Folgendes fand ich im amerikanischen Readers Digest vom August 1991: „Die Antwort mehrerer Personen auf die Frage: „Ist Ihre Gesundheit hervorragend, befriedigend, gut oder schlecht?", bietet nach neuen Erkenntnissen eine bemerkenswerte Vorhersagemöglichkeit, wer von diesen Personen innerhalb der nächsten vier Jahre leben beziehungsweise sterben wird. Eine Studie mit mehr als 2800 Männern und Frauen im Alter von 65 und darüber ergab, dass die Wahrscheinlichkeit, innerhalb der nächsten vier Jahre zu sterben, bei denen, die ihren Gesundheitszustand als schlecht einstuften, vier- bis fünfmal höher liegt als bei denen, die ihren Gesundheitszustand für ausgezeichnet befanden. Dies traf auch dann zu, wenn Untersuchungen bei den Befragten einen relativ ähnlichen Gesundheitszustand aufzeigten. Diese Erkenntnisse werden zusätzlich von einem Bericht über fünf weitere große Studien mit insgesamt 23.000 Testpersonen gestützt, bei denen man gemäß den Koautoren der neuen Studie Ellen Idler, einer Soziologin an der Rutgers University, und dem Epidemologen Stanislaw Kasl von der Gale University of Medicine (Universitätsschule für Medizin) zu ähnlichen Ergebnissen kam."
Es ist schon lange kein Geheimnis mehr, dass das, was wir aussprechen, eine aktive Auswirkung auf unseren Körper und unser Immunsystem hat. Unsere Worte und Sätze, die wir sprechen, erzeugen in unserem Inneren entsprechende Bilder, die die Tendenz haben, sich allmählich nach außen hin zu manifestieren. Somit ist das, was wir aussprechen, gesundheitsfördernd oder geradezu negativ zerstörerisch für unseren Körper und die Genesung. Diese Erkenntnis war den Autoren der Sprüche nicht unbekannt. Sie schrieben:

„Tod und Leben ist in der Gewalt der Zunge" (Sprüche 18, 23)

„Bei vielem Reden bleibt die Sünde nicht aus, wer seine Lippen zügelt, ist klug. Der Mund des Gerechten ist eine Quelle des Lebens" (Sprüche 10, 19)

„Eine sanfte Zunge ist ein Lebensbaum, eine falsche Zunge bricht das Herz. Eine heilsame Zunge ist ein Baum des Lebens, aber Verkehrtheit in ihr verwundet den Geist" (Sprüche 15, 4)

Glauben entwickeln

Glauben muss trainiert werden. Wir müssen lernen, unsere Glaubensmuskeln zu betätigen, damit diese stark und effektiv werden. Ein Vater brachte seinen dämonisierten Sohn zu Jesus, die syrophönizische Frau brachte ihre Tochter zu Jesus, Petrus seine kranke Schwiegermutter, vier Freunde ließen den Gelähmten durch das Dach.

> „Er antwortete: Weil euer Glaube so klein ist. Amen, das sage ich euch: Wenn euer Glaube auch nur so groß ist wie ein Senfkorn, dann werdet ihr zu diesem Berg sagen: Rück von hier nach dort!, und er wird wegrücken. Nichts wird euch unmöglich sein." (Matthäus 17, 20)

Einige Menschen versuchen, gleich einen Riesenberg zu versetzen, weil sie ein Buch wie dieses gelesen haben oder ein prophetisches Wort von irgendjemandem bekamen. In der Regel wird das nicht sofort funktionieren, da sie nie zuvor ihre Glaubensmuskeln richtig entwickelt und trainiert haben. Sie werden kaum einen Krankheitsberg versetzen, wenn Sie nicht zuvor mit Maulwurfshügeln trainiert haben. Entwickeln Sie Ihren Glauben dafür, dass Sie von Kopfschmerzen befreit werden, bevor Sie den Krebs im Endstadium glaubensvoll angehen. Sollten Sie jedoch Krebs im Endstadium haben, so gehen Sie ihn regelmäßig mit Ihrem Glaubensmaß an, das Sie bereits besitzen. Ein Mann sagte zu einem Freund: „Ich habe einen Riesenappetit, ich könnte einen ganzen Elefanten verschlingen." „Wie willst du das denn anstellen?", fragte der Freund. Die Antwort kam prompt: „Scheibchen für Scheibchen."
Bereits mit Ihrem Maß des Glaubens können Sie anfangen, einen Berg Scheibchen für Scheibchen, Schritt für Schritt abzutragen. Hierbei ist es wichtig, dass unser Glaube kein Secondhand-Glaube sein darf. Er muss tief und fest aus unserer gewachsenen Beziehung zu Gott kommen.

**Die Tiefe unserer Gottes-
beziehung bestimmt die
Dimension unseres Glaubens.**

Trotzdem ist das Wichtigste für unserer Heilung nicht unser Glauben, sondern der, auf dem Sie Ihr ganzes Vertrauen gründen: Jesus Christus.

Wie man die geschenkte Heilung behält

Mein Ziel ist es in diesem Kapitel, denen, die göttliche Heilung erfuhren, eine Hilfestellung zu geben, geheilt zu bleiben. Welche Begeisterung, wenn der Tinnitus, das lästige Dauerohrgeräusch, verschwunden ist und man wieder klar und normal hören kann. Wenn die arthritisch bedingten Gelenkbeschwerden, die einen monate- oder jahrelang quälten, nicht mehr vorhanden sind und man seine Gelenke völlig schmerzfrei durchbewegen kann. Gibt es noch etwas, was man nach der empfangenen Heilung tun sollte?

Ist mit der empfangenen Heilung, zum Beispiel im Heilungsgottesdienst, die Schlacht schon gewonnen? Kann es in den Tagen und Wochen nach der Heilung zu Rückfällen kommen? Genau, wie Sie die Heilung durch Glauben empfingen, so müssen Sie die Heilung durch Glauben aufrechterhalten.

Genau, wie Sie die Heilung durch Glauben empfingen, so müssen Sie die Heilung durch Glauben aufrechterhalten.

Manche Heilung, die sich in Großveranstaltungen ereignete, wo ein besonderes geistliches Klima vorherrschte sowie ein Massenglaube und der Glaube der Person, die im Heilungsdienst tätig ist, kann wieder verloren gehen. Der Grund liegt auf der Hand, es war in etlichen Fällen nicht der eigene Glauben, der geheilt hat, sondern die Glaubensatmosphäre oder der Glaube an den Glauben einer anderen Person. Es bleibt dabei: Die Heilung muss durch einen eigenen aktiven Glauben aufrechterhalten werden. Einige Menschen, die unsere Heilungsveranstaltungen besuchten, verloren ihre Heilungen wieder, da sie nicht wussten, was sie tun mussten, um die Heilung zu halten.

Über den richtigen Umgang mit dem Geschenk der Heilung

Die frisch erworbene Heilung ist ein Geschenk Gottes, das bei einigen auf Grund ihres noch schwachen Glaubens so zerbrechlich ist wie eine kostbare China-Vase. Seien wir nicht naiv – es gibt genügend Menschen, die der Feind gebrauchen will, um den noch schwachen Glauben anzurempeln. Dies kann durch folgende Bemerkung passieren: „Du bist nur einer Einbildung zum Opfer gefallen. Das mit deiner Heilung ist doch Blödsinn, das muss sich erst noch beweisen. Deine vermeintliche Heilung wird sowieso nicht halten."

Eine skeptische, mit Unglauben erfüllte Umgebung kann bei dem einen oder anderen einen Rückfall verursachen. Unterschätzen Sie diese Gefahr nicht, und halten Sie sich die Kommentare dieser Leute vom Leib. Sie können nicht verhindern, dass diese Menschen über Sie reden, Sie können aber sehr wohl Einfluss darauf nehmen, auf wen Sie hören und auf wen nicht. Verlieren Sie nicht Ihr wertvolles Geschenk, hören Sie auf den Anfänger und Vollender Ihres Glaubens: Jesus.

Die richtige Glaubenshaltung, mit der die Heilung erhalten wird

In Markus 8, Vers 23 lesen wir, dass Jesus einen Blinden bei der Hand führte und ihn aus der Wohnsiedlung eines Dorfes führte, um ihn außerhalb des Ortes zu heilen. Die Frage, die sich uns aufzwingt, ist: Hatte Jesus nicht genug zu tun? Hätte er nicht in der gleichen Zeit mehr Menschen heilen können, ohne mit diesem Blinden den Spaziergang vors Dorf zu machen?

Hier liegt die Vermutung zu Grunde, dass vielleicht die geistliche Atmosphäre im Dorf negativ aufgeladen oder inspiriert war. Als der Blinde schließlich von Jesus geheilt war, sagte dieser zu ihm in Markus 8.26: „Jesus schickte ihn nach Hause und sagte: Geh aber nicht in das Dorf hinein!"

Wieder liegt die Vermutung nahe, dass in dem Dorf etwas nicht stimmte. Ich glaube, dass Jesus sich ernsthaft Sorgen um den Mann machte, dass dieser durch die negative Atmosphäre in dem Dorf seine Heilung verlieren könnte. Wenn wir mit einer frischen Heilung glaubensvoll in eine Atmosphäre des Unglaubens stoßen, wo Menschen sagen: „Ich glaube nicht, dass du geheilt bist, du bildest dir das nur ein. Alles nur Placebo-Effekt", dann ist tatsächlich eine Gefahr gegeben, die uns die geschenkte Heilung rauben kann. Dauerhafte Heilung erleben wir dort, wo wir einen dauerhaften Glauben kultivieren, und zwar durch das Lesen von Gottes Wort und den Besuch glaubensstärkender Gottesdienste. Der Glaube kommt durch das Hören des Wortes Gottes.

> „Der Dieb kommt nur, um zu stehlen, zu schlachten und zu vernichten, ich bin gekommen, damit sie das Leben haben und es in Fülle haben." (Johannes 10, 10)

Hier erklärt Jesus, dass der Teufel ein schlechter Verlierer ist, der nicht leicht aufgibt und uns deshalb gerne mit Zweifel und Unglauben die Heilung wieder rauben möchte. Gottes Antwort hierauf ist: „Ordnet euch also Gott unter, leistet dem Teufel Widerstand, dann wird er vor euch fliehen. Widersteht dem Teufel, so flieht er von euch." (Jakobus 4, 7)

Was tun, wenn die Krankheit zurückkommt?

Ohne es zu verallgemeinern, hat Jesus auf den Zusammenhang zwischen Sünde und wiederkehrender Krankheit mit folgenden Worten hingewiesen: „Jetzt bist du gesund; sündige nicht mehr, damit dir nicht noch Schlimmeres zustößt." (Johannes 5, 15)

Darüber hinaus lehrt Jesus über die Rückkehr von Dämonen, die nach seiner Lehre oft Verursacher der Krankheit waren. Mit seiner Aussage in Matthäus 12, 43-45 sagt er, dass Dämonen die Tendenz haben, in ihre alte Behausung (menschlicher Körper) gerne zurückzukehren. Die logische Folge ist, dass dann auch die entsprechende Krankheit wieder Einzug in den Körper hält.

„Ein unreiner Geist, der einen Menschen verlassen hat, wandert durch die Wüste und sucht einen Ort, wo er bleiben kann. Wenn er aber einen findet, dann sagt er: Ich will in mein Haus (also den Körper, Anmerkung des Autors) zurückkehren, das ich verlassen habe. Und wenn er es bei seiner Rückkehr leer antrifft, sauber und geschmückt, dann geht er und holt sieben andere Geister, die noch schlimmer sind als er selbst. Die ziehen dort ein und lassen sich dort nieder. So wird es mit diesem Menschen am Ende schlimmer werden als vorher. Dieser bösen Generation wird es genauso gehen."

Dämonen bezeichnen den Körper eines Menschen als Haus. Natürlich ist nicht jede Krankheit von Dämonen verursacht, was auch im Heilungsdienst Jesu sichtbar wird. Doch glaube ich, dass sowohl Krankheiten als auch Dämonen aus dem Einflussbereich Satans stammen, der ein schlechter Verlierer ist. Er zielt darauf ab, bereits empfangene Heilung zu stören. Hier nun das Beispiel von Molly Beddingfield, das uns aufzeigt, wie ein solcher Kampf gekämpft werden kann.

Molly Beddingfield erzählt

Bei mir wurde als Jugendliche eine so genannte Adoleszenzskoliose festgestellt. Nun hatte ich wenigstens eine Erklärung für meine Rückenschmerzen, aber geholfen hat sie mir nicht. Es tat immer noch weh, meine Karriere als Schwimmerin war damit beendet.

Irgendwann nach der Diagnose besuchte ich eines Abends eine Heilungsveranstaltung bei Charles und Francis Hunter. Ich hatte vorher schon überall davon erzählt, dass ich heute geheilt werden würde. Was ich nicht wusste, war, dass die Hunters ihre Heilungsveranstaltungen so durchführen, dass sie an verschiedenen Tagen für verschiedene Körperteile beten. Und das war nun ausgerechnet der Abend, an dem sie für den Rücken beteten – da hatte ich Glück gehabt!

Und als sie für mich beteten, merkte ich, wie sich meine Wirbelsäule bewegte, und ich hatte von dem Augenblick an keine Schmerzen mehr. Außer, wenn ich jemandem von meiner Heilung erzählte. Dann, und nur dann, kamen die Schmerzen plötzlich wieder. Ich habe dann jedes Mal weiter erzählt und innerlich gebetet, bis die Schmerzen wegwaren. Irgendwann konnte ich dann von meiner Heilung erzählen, ohne dass die Schmerzen wiederkamen.

Helga Wankel berichtet

Von einem Tag auf den anderen hat es angefangen: Ich konnte plötzlich nicht mehr richtig schlucken. Die Nahrung blieb im Hals stecken und setzte sich auch in der Speiseröhre fest. Dieser Zustand löste in mir starke Panikattacken aus, da ich meinte, ersticken zu müssen. Nach einigen konkreten Erstickungsanfällen traute ich mich nicht mehr, feste Nahrung zu mir zu nehmen. Die Angst vor dem Tod hatte mich schließlich so fest im Griff, dass ich nur noch Brei und Flüssignahrung zu mir nahm. Ziemlich schnell verlor ich auf diese unfreiwillige Weise sehr viel an Gewicht, so dass ich nur noch aus Haut und Knochen bestand. Körperliche Schwäche breitete sich immer mehr aus. Ich wusste mir nicht mehr zu helfen und stand kurz vor einem stationären Klinikaufenthalt. Welches Ende würde das nehmen? Ich wagte es nicht, diesen Gedanken zu Ende zu denken.

Der erste Arzt, dem ich meine Beschwerden schilderte, äußerte sich sehr beunruhigt: Seine Diagnose: Verdacht auf Speiseröhrenkrebs. Eine monatelange Odyssee von Arzt zu Arzt mit vielen unangenehmen Untersuchungen brachte keine nennenswerten Ergebnisse. Mein ständiger Begleiter: die Angst „Du könntest schwer krank sein". Immer wieder hoffte ich, dass die Mediziner die Ursache finden würden und mir helfen könnten, aber jedes Mal wurde ich enttäuscht.

Diese Zeit der Tiefen hat mich veranlasst, Gott ganz neu zu suchen, obwohl ich schon lange Christ war und theoretisch viel über den Glauben wusste. Auch erlebte ich in all diesen Monaten, was es heißt, von anderen engagierten Christen durch Fürbitte und Fasten unterstützt und begleitet zu werden. Um eine Lösung zu finden, suchte ich das Gespräch und eine bibeltherapeutische Beratung.

Da ärztlicherseits nichts festgestellt werden konnte, wandte ich mich mit der Bitte um Hilfe an die Gemeindeleitung des Christlichen Zentrums Wiesbaden. Während eines mehrstündigen Gebetes erlebte ich eine totale Befreiung von meinen Ängsten, ich erlebte, wie Jesus meine seelischen Verletzungen heilte, indem ich den betroffenen Menschen Vergebung zugesprochen habe. Er hat mich von den Todesmächten, die auf meinem Leben lagen, wirklich befreit. Zum ersten Mal habe ich Gott als lebendigen Gott erfahren – er hat einfach mein Herz berührt. Ein tiefer innerer Friede breitete sich von da ab in mir aus.

Am Ende war klar, dass meine Schluckbeschwerden der Vergangenheit angehörten. Die Probe aufs Exempel mit Vollkornbrot und Krümelkeksen lösten in mir noch einmal die Erinnerung an Monate der Panik aus, aber ich erlebte, dass Gott wirkliche Heilung und Freisetzung geschenkt hat. Die Beschwerden haben zwar immer mal wieder angeklopft, aber ich hatte schon so vielen Leuten Zeugnis über meine Heilung gegeben, dass ich dem Feind diesen Triumph nicht gönnen wollte. Durch Gebet und Glauben bin ich nicht nur frei geworden, ich habe auch gelernt, durch Gebet und Glauben frei zu bleiben. Es ist ja eine Sache, frei zu werden und eine zweite, frei zu bleiben.

Was tun, wenn die Krankheit zurückkommt? (Fortsetzung)

Von Zeit zu Zeit kommt es vor, dass mir jemand sagt: „Andreas, als du im letzten Heilungsgottesdienst für mich betetest, spürte ich, wie die Kraft Gottes wie ein starker Strom durch meinen Körper ging. Meine Beschwerden waren schlagartig verschwunden und ich brauchte keine Medikamente mehr. Doch nach einer Woche hat es mich genauso schlimm erwischt wie zuvor." Meine Antwort darauf ist in der Regel folgende: „Es ist sehr leicht für Menschen, in einer großen Heilungsveranstaltung geheilt zu werden, die mit positivem Glauben und den Erwartungen der Leute erfüllt ist. Im Heilungsgottesdienst war Gottes heilende Kraft eindeutig für dich erlebbar. Du wurdest vielleicht durch den Glauben einer anderen Person geheilt, aber du hast vermutlich nicht deinen eigenen Glauben nach dem Gottesdienst entwickelt, um deine eigene Heilung zu behalten."

„Ich möchte die geschenkte Heilung mit einem Haus vergleichen. Das Haus deiner Heilung darf nicht auf Sand gebaut sein, sondern es muss auf dem Glaubensfelsen des Wortes Gottes verankert sein. Ich bete noch einmal für dich und bitte dich, das Wort Gottes glaubensvoll über deine Heilung anzunehmen, es dir anzueignen und zu verdauen. Somit baust du auf den Felsen Jesus Christus."

Astrid, eine gute Bekannte von meiner Frau und mir, wurde von Asthma geheilt. Jahrelang nahm sie hoch dosierte Cortisonpräparate, die ihr das Leben erleichtern sollten. Aufgrund ihrer Medikation sagten ihr die Ärzte, sie dürfe wegen der gefährlichen Nebenwirkungen keine Kinder kriegen. Weil sie bereits fünfzehn Jahre schweres Asthma hatte, nahm man an, dass die Medikamente im Falle einer Schwangerschaft bei dem Ungeborenen zu erheblichen Schäden führen würden. Nach einem Gebet um Heilung war Astrids Lunge von Asthma befreit.

Die Heilung hielt an die zwei Monate, doch dann setzte die asthmatische Atemnot wieder ein. Mit Tränen in den Augen und Verzweiflung im Gesicht suchte sie uns auf. Ich versuchte sie zu beruhigen und las mit ihr einige Bibelstellen, die Jesus den Heiler in ihrem Herzen groß werden ließen. Ihr Glaube schien wieder den alten Platz eingenommen zu haben, und so bat ich sie nun glaubensvoll zu sagen: „Du verlogenes Symptom, ich gebiete dir im Namen Jesu zu verschwinden. Du bist nicht länger Teil von mir." Interessant war, dass die asthmatische Atemnot sofort verschwand. Inzwischen sind neun Jahre vergangen. Astrid hat inzwischen zwei gesunde Kinder zur Welt gebracht und nie wieder Probleme mit Asthma gehabt.

Oftmals gehen die Geheilten nach Hause, wo sie von einem Milieu des Unglaubens und des Zweifels umgeben sind. Gleiches passiert übrigens auch mit Menschen, die frisch zum Glauben gekommen sind. Die Luft ist mit Unglauben geschwängert. Plötzlich taucht eines der vergangenen Symptome wieder auf, und ein Gedanke rast uns mit Lichtgeschwindigkeit durch den Kopf. „Mensch Gott, ich dachte, du hast mich geheilt!"

Anstatt den eigenen Glauben nun zu stärken, kreisen die Gedanken angsterfüllt um das aufkommende Symptom. Dauerhafte Heilung erleben wir dort, wo wir einen dauerhaften Glauben kultivieren. Und zwar durch das Wort Gottes und den Besuch glaubensstärkender Gottesdienste. Es ist also eine Sache, zum Glauben zu kommen, und eine zweite Sache, im Glauben zu bleiben. Manche Menschen haben ohnehin mehr Glauben an ihr Problem und den Teufel und seine negative Kraft.

Jene Heilung, die mit dieser Geisteshaltung verbunden ist, gleicht einem in Sand gesetzten Haus, das nicht lange stehen wird. Entwickle Zweifel an deine Zweifel und Glauben an deinen Glauben, hat mal ein Prediger gesagt. Es mag sein, dass teuflische Versuchungen unseren Weg kreuzen, gewisse Symptome wiederkommen, jedoch müssen wir wissen, wie wir mit ihnen umgehen. Der Satz „Widersteht dem Teufel, so flieht er von euch" hat in diesem Zusammenhang große Wichtigkeit. Hier hat ein einfaches Gebet wie das folgende schon vielen geholfen:

Widerstandsgebet
„Im Namen Jesu nehme ich Autorität über meinen Körper und gebiete den Symptomen zu verschwinden. Angst, ich widerstehe dir, Krankheit, ich widerstehe dir in meinem Körper zu bleiben. Mein Körper ist ein Tempel des heiligen Geistes und du musst jetzt gehen. Jesus, ich danke dir für meine Heilung.
Amen."

Mit diesem Gebet möchte ich nicht eine Variante des Heilungsdiensts verallgemeinernd verabsolutieren. Ich weiß jedoch, dass es vielen wie Astrid, Maria, Molly und Gert geholfen hat, ihre Heilung wiederzufinden und nicht zu verlieren. Im Anschluss sollte dann der Glauben durch das Lesen und das Meditieren über dem Wort Gottes regelmäßig gestärkt werden.

Nicht das Problem im Gebet formulieren, sondern den Sieg über das Problem.

Wenn Sie also göttliche Heilung empfangen haben, geschah dies auf der Grundlage folgender biblischer Aussagen, die bereits die Propheten des alten Bundes im Alten Testament beschrieben haben.

> Dadurch sollte sich erfüllen, was durch den Propheten Jesaja gesagt worden ist: Er hat unsere Leiden auf sich genommen und unsere Krankheiten getragen. (Matthäus 8, 17)

Im 1. Petrusbrief 2, 24 lesen wir das, was im neuen Bund durch Jesus am Kreuz für uns erworben wurde.

> Er hat unsere Sünden mit seinem Leib auf das Holz des Kreuzes getragen, damit wir tot seien für die Sünden und für die Gerechtigkeit leben. Durch seine Wunden seid ihr geheilt.

Wir können dann betend sagen: „Danke, dass du meine Krankheit und Schwachheit getragen hast. Deshalb brauche ich sie nicht mehr und will ich sie nicht mehr selber weiter tragen."
Und das gilt auch dann, wenn die Krankheit wiederkommt. Wir sollten dann bloß nicht meinen, Gott habe sich geirrt und uns versehentlich geheilt – statt dessen sollten wir an Gottes Heilung festhalten, so wie Mechthild.

Mechthild Domnowski erzählt weiter
Im April kamen die Schmerzen im Ellenbogen und das Taubheitsgefühl in der linken Hand wieder. Ich kannte das wieder: Tennisarm und Karpaltunnelsyndrom … Ich war ganz unglücklich, traurig und am Zweifeln. Das darf doch nicht sein! Das Team des ZDF war im Dezember bei mir, hatte mich interviewt, der Arzt hatte bestätigt, dass die Schmerzen ohne OP weg waren.
Im Mai 2001 war ich auch beim Heilungsgottesdienst anwesend. Ich war nahe am Verzweifeln. Ich saß ganz geknickt in meiner Reihe und dachte: Was ist mit meinem Glauben nicht in Ordnung? Ich dachte, ich konnte doch niemandem mehr sagen, dass Gott mich erst geheilt hat, ich überall von seiner Größe erzählt habe, von seiner Rettung und Heilung … Wenn ich jetzt von den Schmerzen erzählen würde, dann würden die Leute viel-

leicht denken, dass ich gelogen hätte und dass Gott gar nicht heilt. Aber ich konnte doch auch nicht lügen und sagen, ich hätte keine Schmerzen. Ich wusste nicht mehr weiter.

Als der Heilungs-Gebetsteil begann, rief Andreas Herrmann ein paar Leute nach vorne, die schon mal eine Heilung durch Gebet erlebt haben. Ich meldete mich nicht. Ich wollte nicht nach vorne. Andreas hat mich dann aber doch gebeten, vorzukommen.

Ich habe dann erzählt, wie die Schmerzen wiedergekommen waren, als ich anfing, die Videokassette des ZDF-Filmes zu verleihen. Andreas erklärte mir und uns, dass das ein Angriff vom Feind ist. Danach betete Andreas um Gottes Gegenwart. Seitdem, und das ist jetzt auch schon wieder ein Vierteljahr her, sind die Schmerzen weg und weggeblieben.

Für mich war das eine harte, aber gute Erfahrung – ich musste lernen, gleichzeitig ehrlich die Schmerzen zuzugeben und an Gottes Heilung zu glauben. Und dann habe ich erlebt, dass Gott wirklich komplett heilt.

Heilungsprophylaxe

> Wer im Schutz des Höchsten wohnt und ruht im Schatten des Allmächtigen, der sagt zum Herrn: „Du bist für mich Zuflucht und Burg, mein Gott, dem ich vertraue." (Psalm 91, 1-2)

Dieser Vers besagt, dass wir nicht nur unter Gottes Schutz, sondern auch in seinem Schatten bleiben sollen. In Gott zu bleiben heißt nichts anderes, als unter seinem Schutz zu bleiben. Genauso wie eine Person, die bei starken Regengüssen den Schutz des Regenschirms verlässt, automatisch nass wird, wird auch der Mensch, der sich aus dem Schutz des Höchsten begibt, die Folgen des fehlenden Schutzes zu spüren kriegen. Bleiben Sie also unter Gottes schützender Gegenwart, in der immer wieder Heilung zu finden ist.

Weil Petrus es verstand, unter dem Schutz Gottes zu stehen, lesen wir in Apostelgeschichte 5,17, dass Menschen geheilt wurden, wenn Petrus' Schatten auf sie fiel. In Gott zu sein oder in Gott zu bleiben bestimmt das Maß des Segens, den wir erfahren. Menschen ohne den

Schutz Gottes sind haltlos den Regengüssen dieser Welt ausgesetzt. In 4. Mose 14, 9 heißt es: „Ihr schützender Schatten ist von ihnen gewichen", und das wiederum bedeutet, dass Gottes Schutz und Schatten

Wenn wir unter seinem Schatten bleiben, geschehen wunderbare Dinge.

von ihnen gewichen war. Bleiben Sie im Schutz des Allmächtigen, sonst fühlen Sie sich wieder schwach, schutzlos, spüren den Verlust von Salbung und Glauben und sind anfälliger für Sünden und das Wiederkehren von Krankheiten. Wenn es Ihnen nicht gut geht, so fragen Sie sich doch, ob Sie unter seinem Schutz stehen.

Medizin für angeschlagenen Glauben

Unsere Medizin ist das Wort Gottes über Heilung, das wir zur Stärkung unseres Glaubens täglich lesen sollten, um Gott dann im Anschluss für seine Zusagen zu danken. Im Anhang dieses Buches habe ich einige wichtige Bibelstellen zusammengetragen, die Ihren Glauben stärken werden. Ich empfehle Ihnen, Gottes Wort über Heilung und Gesundheit betend zu lesen, denn das ist die beste Medizin, und damit ist es die beste Prävention gegen weitere Rückfälle. Hören Sie glaubensstärkende Heilungspredigten, meditieren Sie über Gottes Wort und danken Sie ihm für das, was er bereits für Sie getan hat.

Sie werden feststellen, dass das die beste Möglichkeit ist, die eigene Heilung zu behalten. Die Bibel verspricht uns nämlich Erfolg, wenn wir nicht vom Worte Gottes weichen. Denn Gott sprach zu Josua; „Weich nicht nach rechts und nicht nach links davon ab, damit du Erfolg hast in allem, was du unternimmst." (Josua 1, 7) Hierbei kann es eine Hilfe sein, das Wort Gottes laut auszusprechen. Gottes glaubensgeladene Worte gestalteten die Erde, als sie noch wüst und leer war. Glaubensgeladene Worte können, auch aus unserem Mund kommend, die eigene Genesung mitgestalten.

Teil 2: Aufbautraining für den Heilungsglauben

„Ich brauche Heilung – aber kann ich dafür irgend etwas tun?" – vielleicht ist es im Moment gerade diese Frage, die Sie bewegt. Und die Antwort ist: Es ist immer Gott, der entscheidet, wann er heilt und wen er heilt. Und trotzdem haben wir festgestellt, dass wir auch Gott, der heilen will, im Wege stehen können. Nach meiner Beobachtung gibt es drei Dinge, die wir konkret tun können, um Gottes Kraft den Weg zu uns zu bahnen: Sünde in unserem Leben ausräumen, Gottes Nähe konkret suchen und unseren Glauben stärken.

Sündige nicht mehr!

Vor unseren Heilungsgottesdiensten gibt es ein Vorbereitungstreffen, in dem den Teilnehmern die Gelegenheit gegeben wird, ihr Leben bewusst aus Gottes Sicht zu betrachten. Die Bibel sagt uns in einer Deutlichkeit, die nichts zu wünschen übrig lässt, dass es auch an Sünde liegen kann, wenn Gott uns nicht hört:

> Seht her, die Hand des Herrn ist nicht zu kurz, um zu helfen, sein Ohr ist nicht schwerhörig, so dass er nicht hört. Nein, was zwischen euch und eurem Gott steht, das sind eure Vergehen; eure Sünden verdecken sein Gesicht, so dass er euch nicht hört. (Jesaja 59, 1-2)

Gott tut nichts lieber als zu vergeben und uns den Weg zu ihm zu ebnen. Das hat er durch Jesus klar und eindeutig unter Beweis gestellt. Es liegt also an uns, Gott zu fragen, ob es etwas gibt, was zwischen ihm und uns steht.

Dazu kann auch gehören, dass wir den Anweisungen von Ärzten nicht gefolgt sind. Wir haben von Gott unseren Körper bekommen, und wir haben die Aufgabe, damit verantwortungsbewusst umzugehen. Wie einige der Geschichten belegen, kann hier eine lebensverändernde Buße durchaus zur Heilung beitragen: Für Jürgen Jung war es bei seiner Hepatitis C wesentlich, seinen Lebensstil zu verändern und klar die Sünde beim Namen zu nennen, mit der er sich die Hepatitis eingehandelt hatte. Für Shelly war es wichtig, ihre Krankheit nicht mehr als Mittel zu verwenden, um Aufmerksamkeit und Liebe zu bekommen. Für Bernhard war bei seiner Fettleber Gottes Hilfe in der Ernährungsumstellung wichtig.

Wenn man sein Leben zum ersten Mal aus Gottes Perspektive betrachtet, dann kann das ganz schön erschlagend sein. Dann ist es hilfreich, sich einen guten Freund oder einen erfahrenen seelsorgerlichen Begleiter an die Seite zu holen. Es ist gut, in einem Prozess der Lebensbereinigung in Verbindung mit Beichte nicht allein zu sein. Denn Zweck der Übung ist nicht, sich selbst nach Kräften zu verdammen, sondern im Gegenteil mitten in die Sonne von Gottes Liebe zu treten.

> Wenn wir unsere Sünden bekennen, ist er treu und gerecht; er vergibt uns die Sünden und reinigt uns von allem Unrecht. (1. Johannes 1,9)

Es ist eine absolut positive Erfahrung, Gott unter die Augen treten zu können und in die Augen schauen zu können, weil man weiß, dass Jesu Tod alle Hindernisse, alle Sünde, alle Bindungen ausgeräumt hat.

Stabilisieren Sie die Ausgangsposition Ihres Glaubens

Nach meinen, aber vermutlich auch nach Ihren Erfahrungen greift der Feind uns in der Regel vornehmlich in zwei Lebenssituationen besonders gerne an. Angriffe erleben wir, wenn wir ohnehin schon geschwächt und frustriert sind. Unsere schwachen Stunden nutzt er gerne aus, wogegen er die Stunden unserer Stärke am meisten hasst. Wenn wir gerade einen gewaltigen Sieg im Namen Jesu hingelegt haben und in unserer Aufmerksamkeit etwas nachlassen, dann versucht er ebenfalls, uns zu erwischen. Da wir immer wieder in unserem Leben eine Pendelbewegung vom schwachen zum starken Glauben machen und umgekehrt, sollten wir den glaubensstabilisierenden Weg des Wortes Gottes einschlagen. Dieser Weg ermöglicht uns, von Kraft zu Kraft, von Sieg zu Sieg, von Glauben zu Glauben, von Gipfelerlebnis zu Gipfelerlebnis zu gehen.

Wie man seine Glaubensmuskeln entwickelt

Wie Sie bereits lasen, kommt unsere Glaube aus dem Hören des Wortes Gottes. Dieser Prozess ist deshalb so wichtig, weil er in uns etwas baut und gestaltet: unseren Glauben. Ihr Glaube kann durch Heilungszeugnisse, wie sie in diesem Buch beschrieben sind, gebaut werden, genauso wie durch das Lesen anderer glaubensstärkender Bücher. Da der Glaube oftmals nicht lange anhält, ist es sinnvoll, Bibelverse wie die folgenden zu studieren, darüber zu meditieren und sie tief im eigenen Geist zu verankern. Durch das Lesen und Beten über diesen Versen wird nicht nur Ihr Glaube entwickelt und gestärkt, sondern Sie vergrößern auch das Maß des Glaubens, das Sie bereits jetzt schon besitzen.

> „Wenn ihr in mir bleibt und wenn meine Worte in euch bleiben, dann bittet um alles, was ihr wollt: Ihr werdet es erhalten." (Johannes 15, 7)

Sobald Ihr Glaube wächst, entwickelt sich das Wunder in Ihrem Geist, selbst wenn es sich in Sachen Heilung noch nicht im physischen Bereich vollkommen manifestiert hat. Genau an dieser Stelle sollten Sie nicht schlappmachen, sondern Gottes Wort weiter lesen, über sich aussprechen und ihm für Ihre Heilung bereits jetzt schon danken. Auf diese Weise macht Ihr wachsender Glaube Gottes Verheißungen und Segnungen freie Bahn, damit diese in Ihrem Leben landen können. Machen Sie sich keine Sorgen über Ihren noch schwachen Glauben. Beginnen Sie mit dem ersten Schritt.
Ein Evangelist aus den Vereinigten Staaten verglich wachsenden Glauben mit dem Besteigen einer Leiter. Gott selbst ist der Erschaffer dieser Glaubensleiter, auf der Sie Stufe für Stufe näher auf ihn zuklettern. Vergessen Sie nicht, dass der Teufel alles tun wird, um Sie

am Weiterklettern zu hindern, denn er möchte nicht, dass Sie ein großes Zeugnis von Gottes Macht erhalten, was Sie wiederum weiterhin motivieren wird, die Glaubensleiter weiter hinaufzuklettern. Aus diesem Grund sollten Sie Ihr Vertrauen um so fester in Gott gründen, der der Anfänger und Vollender unseres Glaubens ist. Ich möchte Sie ermutigen, Ihren Glaubensweg mit Beharrlichkeit fortzusetzen.

Heilungsverse der Heiligen Schrift

Ich habe hier eine Auswahl von Bibelstellen zusammengetragen, die mir in meiner intensiven Beschäftigung mit dem Thema göttlicher Heilung weitergeholfen haben. Denn die Erlebnisse anderer Menschen begeistern und spornen uns an, selber Glauben für Heilung zu haben – aber die einzige zuverlässige Quelle von Informationen über Gott ist und bleibt die Bibel. Aus dieser Quelle schöpfe ich selbst, und ich bin dabei immer wieder unendlich bereichert, gestärkt und beschenkt worden. Und dieses Geschenk steht jedem zur Verfügung. Allerdings machen wir uns oft nicht die Mühe, es auszupacken.
Lesen und bekennen Sie diese Verse am besten so, dass Sie sie laut lesen und zwar so oft Sie es zu Ihrer Ermutigung oder der inneren Stärkung Ihres Glaubens benötigen.

Jesu Auftrag

Der Dieb kommt nur, um zu stehlen, zu schlachten und zu vernichten; ich bin gekommen, damit sie das Leben haben und es in Fülle haben. (Johannes 10, 10b)

Der Geist des Herrn ruht auf mir; denn der Herr hat mich gesalbt. Er hat mich gesandt, damit ich den Armen eine gute Nachricht bringe; damit ich den Gefangenen die Entlassung verkünde und den Blinden das Augenlicht; damit ich die Zerschlagenen in Freiheit setze und ein Gnadenjahr des Herrn ausrufe. (Lukas 4, 18-19)

Vergebung und Heilung durch das Sühneopfer Jesu am Kreuz

Gerade die folgenden Bibelstellen haben eine sehr poetische Sprache und starke Bildkräfte. Ich möchte Sie einladen, sich diese Bibelstellen langsam auf der Zunge zergehen zu lassen. Brüten Sie so lange über diesen Abschnitten, bis sich Ihnen die Tiefendimension des Kreuzes auftut.

Im westlichen Abendland nehmen wir die Tatsache, dass Jesus gekreuzigt wurde, einfach als gegeben hin. Wir sind damit groß geworden und haben es schon im Kindergarten gehört. Dabei übersehen wir völlig, wie grausam und wie notwendig dieser Stellvertretertod Christi war. Erstaunlicherweise finden wir den ersten, sehr konkreten Hinweis auf Jesu Kreuzestod und seine Wirkung schon im Alten Testament. Dort wird der Unterschied zwischen dem beschrieben, wie dieser Tod aussah und was er wirklich bewirkte.

Aber er hat unsere Krankheit getragen und unsere Schmerzen auf sich geladen. Wir meinten, er sei von Gott geschlagen, von ihm getroffen und gebeugt. Doch er wurde durchbohrt wegen unserer Verbrechen, wegen unserer Sünden zermalmt. Zu unserem Heil lag die Strafe auf ihm, durch seine Wunden sind wir geheilt. (Jesaja 53, 4-5)

Dadurch sollte sich erfüllen, was durch den Propheten Jesaja gesagt worden ist: Er hat unsere Leiden auf sich genommen und unsere Krankheiten getragen. (Matthäus 8, 17)

Er hat unsere Sünden mit seinem Leib auf das Holz des Kreuzes getragen, damit wir tot seien für die Sünden und für die

Gerechtigkeit leben. Durch seine Wunden seid ihr geheilt. (1. Petrus 2, 24)

[Von David.] Lobe den Herrn, meine Seele, und alles in mir seinen heiligen Namen! Lobe den Herrn, meine Seele, und vergiss nicht, was er dir Gutes getan hat: der dir all deine Schuld vergibt und all deine Gebrechen heilt. (Psalm 103, 1-3)

Denn ich lasse dich genesen und heile dich von deinen Wunden – Spruch des Herrn –, weil man dich [das ist Zion] die Verstoßene genannt hat, nach der niemand fragt. (Jeremia 30, 17)

Jesus heilte alle

Beim Studieren der Bibel hat es mich selbst überrascht, dass wir tatsächlich sieben Stellen finden, an denen wörtlich steht, dass Jesus alle heilt. Und es gibt nur zwei Stellen, an denen nicht ausdrücklich steht, dass er alle heilte. Ein altes Wort für Jesus war „Heiland". Auch das drückt einmal mehr Gottes Heilungswillen aus. Deswegen habe ich im Folgenden diese sieben Bibelstellen aufgelistet.
Wer diese Bibelstellen richtig verstoffwechseln will, der kann sich dies ja einmal bildlich vorstellen und auf der inneren Leinwand seinen eigenen Bibelfilm darüber laufen lassen, dass und wie Jesus alle heilte.

Er zog in ganz Galiläa umher, lehrte in den Synagogen, verkündete das Evangelium vom Reich und heilte im Volk alle Krankheiten und Leiden. Und sein Ruf verbreitete sich in ganz Syrien. Man brachte Kranke mit den verschiedensten Gebrechen und Leiden zu ihm, Besessene, Mondsüchtige und Gelähmte, und er heilte sie alle. (Matthäus 4, 23-24)

Als Jesus das erfuhr, ging er von dort weg. Viele folgten ihm, und er heilte alle Kranken. (Matthäus 12, 15)

Als er ausstieg und die vielen Menschen sah, hatte er Mitleid mit ihnen und heilte die Kranken, die bei ihnen waren. (Matthäus 14, 14)

Sie fuhren auf das Ufer zu und kamen nach Genezareth. Als die Leute dort ihn erkannten, schickten sie Boten in die ganze Umgebung. Und man brachte alle Kranken zu ihm und bat ihn, er möge sie wenigstens den Saum seines Gewandes berühren lassen. Und alle, die ihn berührten, wurden geheilt. (Matthäus 14, 34-36)

Alle Leute versuchten, ihn zu berühren; denn es ging eine Kraft von ihm aus, die alle heilte. (Lukas 6, 19)

Petrus schrieb in Apostelgeschichte 10,38 Folgendes über den Dienst Jesu: „... wie Gott Jesus von Nazaret gesalbt hat mit dem Heiligen Geist und mit Kraft, wie dieser umherzog, Gutes tat und alle heilte, die in der Gewalt des Teufels waren; denn Gott war mit ihm."

Jesus heilt auch heute noch

Der folgende Vers dient wie kein anderer dazu, den Glauben daran zu befestigen, dass Gott heute noch heilt. Wenn Sie daran zweifeln, würde ich Ihnen am liebsten ein Rezept ausstellen: Nehmen Sie diesen Vers am besten mindestens drei Mal täglich zu sich. Die Nebenwirkung wird sein, dass Ihr Glaube an Gott sich befestigt. Als Wechselwirkung mit anderen Mitteln tritt auf, dass beim Lesen der Evangelien Ihr Staunen deutlich größer wird. Deswegen möchte ich Ihnen auch dazu ausdrücklich raten!

Jesus Christus ist derselbe gestern, heute und in Ewigkeit. (Hebräer 13, 8)

Die Macht seiner heilsamen Worte

Gottes Worte sind anders als die von Menschen – sie haben Macht und Kraft. Diese beiden Verse sind eine Ermutigung an Sie, Ihre Bibelkur fortzusetzen, denn Gott steht zu seinem Wort.

... denen er sein Wort sandte, die er heilte und vom Verderben befreite: (Psalm 107, 20)

Mein Sohn, achte auf meine Worte, neige dein Ohr meiner Rede zu! (Sprüche 4, 20)

Seine Worte werden nie vergehen

Das Gras verdorrt, die Blume verwelkt, doch das Wort unseres Gottes bleibt in Ewigkeit. (Jesaja 40, 8)

Himmel und Erde werden vergehen, aber meine Worte werden nicht vergehen. (Matthäus 24, 35)

Heilung im Dienst Jesu

Spontanheilungen ereigneten sich im Dienst Jesu, wenn er ein Wort sprach oder Menschen berührte oder diese ihn berührten oder wenn Menschen ihren Glauben zum Ausdruck brachten oder ganz einfach, wenn Menschen in seiner Gegenwart waren. Bei allem Glauben dieser Welt ist es immer noch seine Gegenwart, die letztendlich Menschen heilt.

Diese Sammlung von Bibelstellen enthält Erzählungen von einzelnen Heilungen. Ich möchte Ihnen Mut machen, diese Stellen nicht schnell zu überfliegen, sondern sie im Gegenteil langsam auf sich wirken zu lassen. Welche dieser Heilungen spricht Sie selbst am meisten an? Ich schlage Ihnen vor, dass Sie sich diese in aller Ruhe auf der inneren Leinwand Ihrer Seele betrachten.

Jesus, die Frau mit den Blutungen und die Tochter von Jairus

Während Jesus so mit ihnen redete, kam ein Synagogenvorsteher, fiel vor ihm nieder und sagte: Meine Tochter ist eben gestorben; komm doch, leg ihr deine Hand auf, dann wird sie wieder lebendig. Jesus stand auf und folgte ihm mit seinen Jüngern. Da trat eine Frau, die schon zwölf Jahre an Blutungen litt, von hinten an ihn heran und berührte den Saum seines Gewandes; denn sie sagte sich: Wenn ich auch nur sein Gewand berühre, werde ich geheilt. Jesus wandte sich um, und als er sie sah, sagte er: Hab keine Angst, meine Tochter, dein Glaube hat dir geholfen. Und von dieser Stunde an war die Frau geheilt. Als Jesus in das Haus des Synagogenvorstehers kam und die Flötenspieler und die Menge der klagenden Leute sah, sagte er: Geht hinaus! Das Mädchen ist nicht gestorben, es schläft nur. Da lachten sie ihn aus. Als man die Leute hinausgedrängt hatte, trat er ein und fasste das Mädchen an der Hand; da stand es auf. Und die Kunde davon verbreitete sich in der ganzen Gegend. (Matthäus 9, 18-26)

Jesus und zwei Blinde

Nachdem er ins Haus gegangen war, kamen die Blinden zu ihm. Er sagte zu ihnen: Glaubt ihr, dass ich euch helfen kann? Sie antworteten: Ja, Herr. Darauf berührte er ihre Augen und sagte: Wie ihr geglaubt habt, so soll es geschehen. (Matthäus 9, 28-29)

Jesus und ein Stummer

Als sie gegangen waren, brachte man zu Jesus einen Stummen, der von einem Dämon besessen war. Er trieb den Dämon aus, und der Stumme konnte reden. Alle Leute staunten und sagten: So etwas ist in Israel noch nie geschehen. (Matthäus 9, 32-33)

Jesus und ein Taubstummer

Damals brachte man zu ihm einen Besessenen, der blind und stumm war. Jesus heilte ihn, so dass der Stumme wieder reden und sehen konnte. Da gerieten alle Leute außer sich und sagten: Ist er etwa der Sohn Davids? (Matthäus 12, 22-23)

Jesus heilt einen Aussätzigen

Und er zog durch ganz Galiläa, predigte in den Synagogen und trieb die Dämonen aus. Ein Aussätziger kam zu Jesus und bat ihn um Hilfe; er fiel vor ihm auf die Knie und sagte: Wenn du willst, kannst du machen, dass ich rein werde. Jesus hatte Mitleid mit ihm; er streckte die Hand aus, berührte ihn und sagte: Ich will es – werde rein! Im gleichen Augenblick verschwand der Aussatz, und der Mann war rein. (Markus 1, 39-42)

Vier Freunde decken das Dach ab

Da brachte man einen Gelähmten zu ihm; er wurde von vier Männern getragen. Weil sie ihn aber wegen der vielen Leute nicht bis zu Jesus bringen konnten, deckten sie dort, wo Jesus war, das Dach ab, schlugen (die Decke) durch und ließen den Gelähmten auf seiner Tragbahre durch die Öffnung hinab. Als Jesus ihren Glauben sah, sagte er zu dem Gelähmten: Mein Sohn, deine Sünden sind dir vergeben! Einige Schriftgelehrte aber, die dort saßen, dachten im stillen: Wie kann dieser Mensch so reden? Er lästert Gott. Wer kann Sünden vergeben außer dem einen Gott? Jesus erkannte sofort, was sie dachten, und sagte zu ihnen: Was für Gedanken habt ihr im Herzen? Ist es leichter, zu dem Gelähmten zu sagen: Deine Sünden sind dir vergeben!, oder zu sagen: Steh auf, nimm deine Tragbahre, und geh umher? Ihr sollt aber erkennen, dass der Menschensohn die Vollmacht hat, hier auf der Erde Sünden zu vergeben. Und er sagte zu dem Gelähmten: Ich sage dir: Steh auf, nimm deine Tragbahre, und geh nach Hause! Der Mann stand sofort auf, nahm seine Tragbahre und ging vor aller Augen weg. Da gerieten alle außer sich; sie priesen Gott und sagten: So etwas haben wir noch nie gesehen. (Markus 2, 3-12)

Jesus heilt einen Blinden mit Brei

Sie kamen nach Betsaida. Da brachte man einen Blinden zu Jesus und bat ihn, er möge ihn berühren. Er nahm den Blinden bei der Hand, führte ihn vor das Dorf hinaus, bestrich seine

Augen mit Speichel, legte ihm die Hände auf und fragte ihn: Siehst du etwas? Der Mann blickte auf und sagte: Ich sehe Menschen; denn ich sehe etwas, das wie Bäume aussieht und umhergeht. Da legte er ihm nochmals die Hände auf die Augen; nun sah der Mann deutlich. Er war geheilt und konnte alles ganz genau sehen. (Markus 8, 22-25)

Jesus heilt den Diener des römischen Hauptmanns

Ein Hauptmann hatte einen Diener, der todkrank war und den er sehr schätzte. Als der Hauptmann von Jesus hörte, schickte er einige von den jüdischen Ältesten zu ihm mit der Bitte, zu kommen und seinen Diener zu retten. Sie gingen zu Jesus und baten ihn inständig. Sie sagten: Er verdient es, dass du seine Bitte erfüllst; denn er liebt unser Volk und hat uns die Synagoge gebaut. Da ging Jesus mit ihnen. Als er nicht mehr weit von dem Haus entfernt war, schickte der Hauptmann Freunde und ließ ihm sagen: Herr, bemüh dich nicht! Denn ich bin es nicht wert, dass du mein Haus betrittst. Deshalb habe ich mich auch nicht für würdig gehalten, selbst zu dir zu kommen. Sprich nur ein Wort, dann muss mein Diener gesund werden. Auch ich muss Befehlen gehorchen, und ich habe selber Soldaten unter mir; sage ich nun zu einem: Geh!, so geht er, und zu einem andern: Komm!, so kommt er, und zu meinem Diener: Tu das!, so tut er es. Jesus war erstaunt über ihn, als er das hörte. Und er wandte sich um und sagte zu den Leuten, die ihm folgten: Ich sage euch: Nicht einmal in Israel habe ich einen solchen Glauben gefunden. Und als die Männer, die der Hauptmann geschickt hatte, in das Haus zurückkehrten, stellten sie fest, dass der Diener gesund war. (Lukas 7, 2-10)

Auf dem Weg nach Jerusalem zog Jesus durch das Grenzgebiet von Samarien und Galiläa. Als er in ein Dorf hineingehen wollte, kamen ihm zehn Aussätzige entgegen. Sie blieben in der Ferne stehen und riefen: Jesus, Meister, hab Erbarmen mit uns! Als er sie sah, sagte er zu ihnen: Geht, zeigt euch den Priestern! Und während sie zu den Priestern gingen, wurden sie rein. Einer von ihnen aber kehrte um, als er sah, dass er geheilt war; und er lobte Gott mit lauter Stimme. Er warf sich vor den Füßen Jesu zu Boden und dankte ihm. Dieser Mann war aus Samarien. Da sagte Jesus: Es sind doch alle zehn rein geworden. Wo sind die übrigen neun? Ist denn keiner umgekehrt, um Gott zu ehren, außer diesem Fremden? Und er sagte zu ihm: Steh auf und geh! Dein Glaube hat dir geholfen. (Lukas 17, 11-19)

Glauben

Diese Bibelstellen zum Thema Glauben beschreiben geistliche Wahrheiten. Im Englischen sagt man für „auswendig lernen" „etwas mit dem Herzen lernen". Das ist sehr gut beobachtet, denn wer diese Verse auswendig lernt, der trägt einen Schatz im Herzen.

Glaube aber ist: Feststehen in dem, was man erhofft, Überzeugtsein von Dingen, die man nicht sieht. (Hebräer 11, 1)

Denn alles, was von Gott stammt, besiegt die Welt. Und das ist der Sieg, der die Welt besiegt hat: unser Glaube. (1. Johannesbrief 5, 4)

Ohne Glauben aber ist es unmöglich, (Gott) zu gefallen; denn wer zu Gott kommen will, muss glauben, dass er ist und dass er denen, die ihn suchen, ihren Lohn geben wird. (Hebräer 11, 6)

Und durch die, die zum Glauben gekommen sind, werden folgende Zeichen geschehen: In meinem Namen werden sie Dämonen austreiben; sie werden in neuen Sprachen reden; wenn sie Schlangen anfassen oder tödliches Gift trinken, wird es ihnen nicht schaden; und die Kranken, denen sie die Hände auflegen, werden gesund werden. (Markus 16, 17-18)

Zusammenhang von Sünde und Heilung

Ist jemand krank unter euch? Er rufe die Ältesten der Gemeinde zu sich, und sie sollen mit Öl salben im Namen des Herrn. Und das Gebet des Glaubens wird den Kranken retten, und der Herr wird ihn aufrichten, und wenn er Sünden begangen hat, wird ihm vergeben werden. (Jakobus 5, 14-15)

Der Geheilte wusste aber nicht, wer es war. Jesus war nämlich weggegangen, weil sich dort eine große Menschenmenge angesammelt hatte. Später traf ihn Jesus im Tempel und sagte zu ihm: Jetzt bist du gesund; sündige nicht mehr, damit dir nicht noch Schlimmeres zustößt. (Johannes 5, 14-15a)

Bitten in Jesu Namen

Weil wir „im Namen und auf Rechnung" von Jesus beten dürfen, haben wir eine unbegreifliche Autorität verliehen bekommen.

Bis jetzt habt ihr noch nichts in meinem Namen erbeten. Bittet, und ihr werdet empfangen, damit eure Freude vollkommen ist. (Johannes 16, 24)

In Markus 11, 23-34 lehrt uns Jesus, dass wir zu unseren Problembergen sprechen sollen. Aus diesem Grund dürfen wir aktiv gegen unsere Probleme vorgehen und ihnen befehlen: „Hebe dich empor und stürze dich ins Meer."

> Amen, das sage ich euch: Wenn jemand zu diesem Berg sagt: Heb dich empor, und stürz dich ins Meer!, und wenn er in seinem Herzen nicht zweifelt, sondern glaubt, dass geschieht, was er sagt, dann wird es geschehen. Darum sage ich euch: Alles, worum ihr betet und bittet – glaubt nur, dass ihr es schon erhalten habt, dann wird es euch zuteil. Und wenn ihr beten wollt und ihr habt einem anderen etwas vorzuwerfen, dann vergebt ihm, damit auch euer Vater im Himmel euch eure Verfehlungen vergibt. Sie kamen wieder nach Jerusalem. Als er im Tempel umherging, kamen die Hohenpriester, die Schriftgelehrten und die Ältesten zu ihm und fragten ihn: Mit welchem Recht tust du das alles? Wer hat dir die Vollmacht gegeben, das zu tun? Jesus sagte zu ihnen: Zuerst will ich euch eine Frage vorlegen. Antwortet mir, dann werde ich euch sagen, mit welchem Recht ich das tue. Stammte die Taufe des Johannes vom Himmel oder von den Menschen? Antwortet mir! Da überlegten sie und sagten zueinander: Wenn wir antworten: Vom Himmel!, so wird er sagen: Warum habt ihr ihm dann nicht geglaubt? Sollen wir also antworten: Von den Menschen? Sie fürchteten sich aber vor den Leuten; denn alle glaubten, dass Johannes wirklich ein Prophet war. Darum antworteten sie Jesus: Wir wissen es nicht. Jesus erwiderte: Dann sage auch ich euch nicht, mit welchem Recht ich das alles tue. (Markus 11, 23-34)

Glaube wird durch Werke aktiviert

Ich vermute, dass Ihr Glaube durch das Studieren und Meditieren über die eben gelesenen Schriftstellen gestärkt wurde. Wenn dies geschehen ist, müssen Sie noch etwas tun, um Ihr Wunder auf den Weg zu bringen. Da Glaube ohne Werke tot ist, muss unser Glaube durch Werke aktiviert werden. David konnte trotz allem Glauben, den er besaß, Goliath nicht besiegen, bis er die Schleuder in die Hand nahm und betätigte. Die Frau mit den Blutungen hatte allen Glauben für ihre Heilung, aber ihre Heilung setzte erst ein, als sie etwas tat, nämlich das Gewand Jesu zu berühren. Die Mauern Jerichos fielen erst, als das Volk Israels losmarschierte. Der Wal, in dem Jona saß, erbrach Jona erst, als dieser glaubensvoll anfing, Gott zu preisen. Sie können nicht auf dem Wasser laufen, bevor Sie nicht wie Petrus aus dem Boot Ihrer Sicherheit geklettert sind. Setzen Sie Ihr Wunder in Bewegung, in dem Sie etwas im Glauben tun, was Sie nie zuvor tun konnten. Jemand wartet nur darauf, dass Sie Ihren Glauben nun anwenden.

So ist auch der Glaube für sich allein tot, wenn er nicht Werke vorzuweisen hat. (Jakobus 2, 17)

Gebet um Heilung

Selbstverständlich können Sie Ihren Glauben auch selber dadurch demonstrieren, dass Sie Gott selber um Heilung bitten. Einen Gebetsvorschlag habe ich für Sie hier formuliert.

Vater im Himmel,
ich danke dir, dass du Jesus, deinen Sohn sandtest, der am Kreuz für meine Errettung und Heilung starb. Jesus, ich danke dir, dass ich als dein Jünger, deine Jüngerin in Deinem Namen, der über allen Namen ist, (auch Krankheitsnamen) beten darf: Im Namen Jesu spreche ich gemäß 1. Petrus 2, 26 aus, dass ich durch seine Wunder geheilt bin. Ich befehle jedem Krankheitssymptom und jeder Krankheitsursache, im Namen Jesu aus meinem Körper zu weichen. (Benennen Sie jetzt den Namen Ihrer Krankheit und gebieten Sie ihr zu weichen).
Ich löse mich von jeglicher Unversöhnlichkeit, Bitterkeit, Eifersucht und Zorn im Namen Jesu und vergebe den Menschen, die mich verletzt haben. Körper, ich befehle dir, sei gesund, stehe auf und empfange Gottes Leben jetzt.
Amen.

Eine prophetische Perspektive für die Gemeinden in Europa

Viele Menschen haben mich gefragt, warum die Erweckung in Deutschland auf sich warten lässt. Meine Beobachtung ist, dass wir mit den vorhandenen Methoden und Techniken nicht weiter kommen, als wir bis jetzt gekommen sind, und dass wir das Ende unserer erweckungsmäßigen Fahnenstange erreicht haben. Von Erweckungs-euphorikern enttäuscht, haben sich viele frustriert in eine beobach-tende Abgeklärtheit zurückgezogen. Genau an dieser Stelle hat sich in den letzten Jahren eine lähmende charismatische Midlife Crisis angesiedelt, der etliche noch aufsitzen. Daher geben sie sich nur mit wenig Feuer und Erwartung den Dingen Gottes hin.

Andere haben sich weltscheu, weltfremd, aber oftmals religiös in fromme Konsumtempel zurückgezogen, wo sie als überschaubare Minderheit von der Welt nicht wahrgenommen werden. Wieder an-dere haben ihre Ohnmacht und menschliche Begrenzung erkannt und wie die ersten Christen den richtigen Weg des Gebets eingeschlagen und eine Gebetsbewegung im Land gestartet. Sie haben begriffen, dass die Gegenwart Gottes selbst das beste Argument für Gott dar-stellt. Wenn Gott nicht selbst in manifester Form im Land aufkreuzt, sind wir Christen hierzulande aufgeschmissen.

Ich bin davon überzeugt, dass der Heilungsdienst, der eine sichtbare Ausdrucksform manifester Gegenwart Gottes ist, eine Schlüsselstra-tegie ist, die ein dynamische Vorwärtsbewegung im Reich Gottes aus-lösen wird, bei der viele Menschen zum Glauben kommen werden. Gemeinden werden umdenken müssen, denn sie werden alle Hände voll zu tun haben, die Seelenernte einzufahren.

Ich glaube, dass wir als Gemeinden Jesu an einer Schwelle zur baldi-gen Wiederkunft Jesu stehen und seine Gemeinde die Autorität und Vollmachtsdimension, die ihr zusteht, wiederentdeckt und obendrein durch den Heiligen Geist für die bevorstehenden Herausforderungen

Zurüstung erfährt. Gott wird sie mit seinem Geist mit einer derartigen Unerschrockenheit und Furchtlosigkeit enthemmen, dass die Medienlandschaft wieder anfangen wird, über die „neuen Christen" zu reden. In Deutschland, aber auch in Europa wird es ganz viele interessante Heilungsdienste geben, die von ihrer Grundausrichtung hochevangelistisch sind.

Gott wird den Dienst derer erhören, die an ihre Grenzen und Schwachheiten gestoßen sind und die nach seiner Gegenwart innerlich betend schreien. Es ist die Zeit gekommen ,da wir beten müssen, da Gebet uns verändert und Gott zum Zuge kommen lässt. Woran erkennt man, dass bald ein heißer geistlicher Sommer kommt? Meine Antwort lautet: „An den Knospen." Überall im Lande sind sie bereits jetzt schon sichtbar.

Zudem glaube ich ,dass die Offenbarung über das Übernatürliche an vielen Stellen im Lande reift. Ich vertraue darauf, dass das Übernatürliche und der damit einhergehende Lebensstil gelehrt und übertragen werden können. Einfache Laien werden voll Heiligen Geistes Jesus auf kraftvolle Weise verkündigen, Kranke heilen und große Dienste haben. Das unüberwindbare Reich Gottes wird in Kraft demonstriert werden.

Verzeichnis der Gebete

Übergabegebet   S. 137

Widerstandsgebet gegen zurückkehrende Symptome   S. 158

Gebet um Heilung   S. 179

Literaturliste verwendeter Bücher

Jesus, the Name Above All Names. Joyce Meyer.
Harrison House

Wie wir geheilt werden können. Christoph Häselbarth.
Verlag Gottfried Bernard

Gottes schöpferische Kraft für Heilung. Charles Capps.
Agape Gemeinde Salzburg

Handbook for Healing. Charles and Francis Hunter.
Whittaker House

Christus unser Heiler. F. F. Bosworth.
Missionswerk Der Weg zur Freude

When God doesn't heal now. Larry K. Faver.
Nelson Publishing

Wie man die Kranken heilt. Charles und Francis Hunter.
Caann Verlag

Herr, ich brauche ein Wunder. Benny Hinn.
Projektion J. Asslar

Kathryn Kuhlmann. Ihr Leben und Wirken. Jasmin Buckingham.

Weitere Bücher von Andreas Herrmann

Ko oder ok

Lass Deinen Träumen Flügel wachsen

Für immer ein Opfer? – Nein, danke!

In Dir steckt mehr als Du denkst

Die Kunst, Freunde zu gewinnen

Andreas Herrmann

FÜR IMMER EIN OPFER?
NEIN DANKE!

Wie man siegt, bevor man besiegt wird

„Andreas Herrmann setzt hier konsequent und lebenspraktisch um, was ‚erneuertes Denken' im Licht der Möglichkeiten Gottes und seiner Liebe bedeutet. Vom Opfer zum Sieger, weil wir in Jesus alles haben, war wir brauchen." *Dr. Roland Werner*

„Es war für mich in meinem Leben so wichtig zu lernen, was Andreas Herrmann hier beschreibt: Wir sind nicht das Produkt unserer Vergangenheit oder unserer Familien, sondern das Produkt des Kreuzes." *Maria Prean*

Paperback, 117 Seiten / Best.-Nr. 175705

Tommy Tenney und seine Ehefrau Jeannie wohnen mit ihren drei Töchtern in Louisiana. Er ist seit mehr als 10 Jahren im Pastoraldienst und seit mehr als 17 Jahren im Reisedienst tätig.

Was ist eigentlich ein Christ? Wenn sich jemand diese Frage stellt, der «Berufschrist» ist, weil er als Pastor arbeitet, dann wird es interessant. Tommy Tenney sehnte sich danach, Gottes ergreifende Gegenwart in seinem Alltag zu erleben. Und Tenney blieb nicht in der Sehnsucht stecken, sondern jagte diesem Gott nach – um dann schliesslich selber von Ihm gefangen zu werden.

Diese packende Suche schildert er eindrücklich. Tenney ist abgerückt vom kulturell gezähmten Christsein, weil er das erleben will, was in der Bibel steht: dass Menschen geheilt werden, dass Tote auferstehen und Menschen Gott in Seiner Herrlichkeit begegnen. Wie man in diesen Lebensstil hineinkommt, das beschreibt Tenney hier. Das Buch ist wie knuspriges frisches Brot, das hungrig macht nach mehr von Ihm!

VERLAG GOTTFRIED BERNARD
ISBN 3-934771-14-9 · BEST.-NR. 175714

Rosemarie Claussen wurde 1934 als Tochter eines Nazigenerals geboren. Im zweiten Weltkrieg wurde sie ein Opfer der Kriegswirren und litt viele Jahre unter ihren traumatischen Erlebnissen. Durch das wunderbare Eingreifen Gottes wurde sie innerlich geheilt und von Hass und Bitterkeit befreit.

Traumatische Erlebnisse, wie Krieg, Verfolgung, Streit, Missbrauch, Verlust und Tod prägen unser Leben und hinterlassen tiefe Wunden in unserem Inneren. Als Folge davon wird unsere Seele durch Bitterkeit, Hass und Ablehnung zerstört. Selbst unsere Beziehungen zu anderen Menschen und zu Gott werden davon beeinträchtigt.

Rosemarie versteht es, einfach und klar an Hand eigener Erlebnisse den Weg aus dem Dunkel des Leides in das Licht einer neuen ungewöhnlichen Lebensqualität zu zeigen. Gefühle des Hasses, der Bitterkeit und der Verzweiflung verwandeln sich durch das wunderbare Eingreifen Gottes in eine außergewöhnliche Freiheit und ungeahnte innere Gesundheit. Lassen auch Sie sich mit hineinnehmen in einen Prozess der Heilung und Veränderung Ihres Herzens.

VERLAG GOTTFRIED BERNARD
ISBN 3-934771-13-0 · BEST.-NR. 175713

Uganda, die „Perle Afrikas", wie Winston Churchill es einst nannte, ist ein faszinierendes Land, das sich zusehends von den Unruhen und blutigen Bürgerkriegen, die das Land fast zwei Jahrzehnte erschütterten, zu erholen schien. Dann die vernichtende Botschaft: AIDS hat das Land fest im Griff. Es schien das dieser Nation und den dortigen Menschen keine Heimsuchung des Bösen erspart bliebe. Menschlich gesehen gab es keine Hoffnung mehr. In dieser Zeit hörte Gott das verzweifelnde Schreien seiner Kinder. Menschen die nur eine Leidenschaft kannten: Gott von Angesicht zu Angesicht suchen, um in ihrem Land eine göttliche Heimsuchung zu erfahren. Vor unseren Augen wird eine ganze Nation durch das Wirken des Heiligen Geistes transformiert. Die AIDS-Seuche ist stark zurück gegangen, die Wirtschaft ist im Aufschwung begriffen. Christen haben die Verantwortung in ihrem Land übernommen, bis hinein in die höchsten Stellen der Politik. Der Grund für diese nationale Transformation liegt im durchdringenden Gebet die erlösenden Vorhaben Gottes für eine ganze Nation in Existenz kommen zu sehen. Uganda dient uns als Modell, wie wir unseren eigenen Weg der nationalen Transformation vor Gott im Gebet erkennen können.

VERLAG GOTTFRIED BERNARD
ISBN 3-934771-15-7 · BEST.-NR. 175715

Ist eine „Transformation" auch im deutschsprachigen Raum möglich? Wir sind begeistert von all den wunderbaren Berichten, die uns immer öfter zu Ohren kommen über ganze Städte und Dörfen, die durch das Evangelium verändert werden. Ja sogar ganze Nationen werden innerhalb von wenigen Jahren total transformiert, wie wir es zum Beispiel zur Zeit von Uganda hören.

Warum geschieht so etwas nur in Afrika oder Lateinamerika? Ueli Haldemann ist fest davon überzeugt, dass dies auch in unseren Breitengraden möglich ist. In dem vorliegenden Buch will er uns zeigen, wie wir uns auf den Weg einer nationalen Transformation machen können.

Ueli Haldemann und seine Ehefrau Elisabeth haben drei Kinder. Er arbeitet seit mehr als 20 Jahren im vollzeitlichen Dienst als Strategieberater und Gebetsmobilisator. Als Leiter von Ministries of Hope fördert er vor allem nationale Gebetsbewegungen und internationale Gebetspartnerschaften. Ministries of Hope arbeitet in Partnerschaft mit DAWN Europian Network und Interprayer.

VERLAG GOTTFRIED BERNARD
ISBN 3-934771-16-5 · BEST.-NR. 175716